O CAMINHO DO ASPIRANTE ESPIRITUAL

ANGELA MARIA LA SALA BATÀ

O CAMINHO DO ASPIRANTE ESPIRITUAL

Tradução de
Yolanda Steidl de Toledo

EDITORA PENSAMENTO
SÃO PAULO

Título do original:
IL SENTIERO DELL'ASPIRANTE SPIRITUALE
© Angela Maria La Sala Batà

Edição	Ano
4-5-6-7-8-9-10	93-94-95-96-97

Direitos reservados
EDITORA PENSAMENTO LTDA.
Rua Dr. Mário Vicente, 374 – 04270-000 – São Paulo, SP
Fone: 272 1399

Impresso em nossas oficinas gráficas.

ÍNDICE

1.ª lição	O Início do Caminho	9
2.ª lição	As Bases da Autoformação	15
3.ª lição	A Purificação Mental	25
4.ª lição	A Purificação Emotiva	39
5.ª lição	Nossas Tarefas para com a Natureza Emotiva	49
6.ª lição	A Purificação do Corpo Físico-etérico	61
7.ª lição	Qualidades que Devem ser Desenvolvidas: Aceitação	73
8.ª lição	Qualidades que Devem ser Desenvolvidas: Adaptação	81
9.ª lição	Qualidades que Devem ser Desenvolvidas: Discernimento	89
10.ª lição	Qualidades que Devem ser Desenvolvidas: O Correto Uso da Palavra	97
11.ª lição	Qualidades que Devem ser Desenvolvidas: Ausência do Medo	107
12.ª lição	Qualidades que Devem ser Desenvolvidas: Humildade	117
13.ª lição	Qualidades que Devem ser Desenvolvidas: Compreensão	125
14.ª lição	O Desenvolvimento Interior	135

À minha mãe
Olga Batà
a quem devo muito mais
que a vida.

1.ª LIÇÃO

O Início do Caminho

Há um momento na marcha evolutiva do homem em que ele começa a intuir, a princípio vagamente e depois cada vez mais claro, sua verdadeira natureza e nessa ocasião entrevê a realidade que está por detrás da aparência dos fenômenos. Repara que evolui, que há dentro dele um mundo desconhecido, mais real que físico, o qual pressiona para vir à luz. Principia, acima de tudo, a sentir uma necessidade imperiosa de se aperfeiçoar, de tomar conta de si próprio, de iniciar sua autoformação, uma vez que já não lhe bastam teorias e conhecimentos intelectuais; é-lhe indispensável passar a realizações práticas e a algo de concreto.

Se antes houvera um período de buscas, de exame intelectual, de aquisição mental da verdade, ou de escolha entre várias teorias, agora, ao contrário, há uma adesão íntima aos conhecimentos reunidos, uma aspiração de os tornar parte real da vida da personalidade e uma necessidade de transformação de si próprio visando a tornar-se um canal de energias espirituais.

Em outras palavras, o homem declara-se, conscientemente, a favor das forças evolutivas e com elas colabora.

Inicia-se, então, para o homem, o período evolutivo chamado "caminho do aspirante espiritual", porquanto sua nota fundamental é a aspiração, que já não é apenas um ímpeto emotivo mas um verdadeiro e real "pedido", um apelo apaixonado e insistente à Alma, que suscita resposta e produz reais transformações e sublimações na personalidade.

O efeito de tal aspiração é o homem sentir nascer no seu íntimo o propósito de cuidar de si próprio, de purificar-se, de autoformar-se. A autoformação é, com efeito, o sinal de reconhecimento da aspiração espiritual.

Nas lições seguintes, dirigidas àqueles que se desejam formar e querem passar da teoria à prática, será apresentada uma perspectiva geral das várias fases e métodos da autoformação.

É necessário, todavia, antes de iniciar o desenvolvimento propriamente dito de nossa argumentação, elucidar algumas questões e fazer algumas sugestões àqueles que se impõe este trabalho, para que adquiram visão clara e objetiva do caminho que se propõem seguir e o sigam sem ilusões, mas com visão esclarecida e ânimo resoluto e preparado.

O trabalho de autoformação não é fácil nem simples. É uma verdadeira técnica, que exige constância e firmeza de propósito, mas é o mais belo e luminoso trabalho que o homem pode empreender, pois é aquele para o qual foi criado e que faz dele um participante do Plano Divino.

*
* *

É preciso, doravante, ter em mente com clareza o significado da palavra autoformação, pois muitos podem ter conceito errôneo de tal termo.

Não falta quem creia que autoformação significa "renúncia", "mortificação", "destruição". Não existe nada de mais errado.

Ao procurarmos tomar conta da própria personalidade, a fim de corrigir-lhe os defeitos, desenvolver-lhe as qualidades marcantes e coordenar as várias energias psíquicas, não é uma obra de destruição ou de anulação que praticamos mas sim e apenas de reorientação.

A personalidade humana é composta de energias (mentais, emotivas e etéreas) que não são positivas nem negativas mas simplesmente neutras. O uso que delas fazemos é que as caracteriza como boas ou más.

Como disse Maturin: "Nada há no homem, nenhuma substância, nenhuma faculdade, nenhuma potencialidade que seja má, por si mesma... Analisai a Alma do maior Santo e depois a do maior pecador e não encontrareis neste um só elemento que não se ache naquele. Considerai a alma de Madalena e a de Agostinho, antes e depois da conversão. Em nenhuma delas falta, depois da conversão, qualquer coisa que lá estivesse a princípio... Nada perderam, nada destruíram, antes atingiram, com sua conversão, a plena posse de todas as suas faculdades." (B. W. Maturin, *Della conoscenza e del governo di sè* — pp. 79-80.)

E prossegue: "A diferença entre malvadeza e bondade não consiste na presença ou ausência, na preservação ou na destruição de qualquer coisa que está em nós — o mal —, mas no correto ou errôneo uso de faculdades que são, por si mesmas, boas. O pecado é o mau uso de faculdades que Deus nos concedeu e no seu uso para fins para os quais não nos foram dadas... Todo poder, toda faculdade, todo dom da nossa natureza nos foi concedido para o bem. Tudo nos foi dado para o serviço de Deus e tudo pode ser usado a seu serviço." (B. W. Maturin, *idem*, pp. 81-82.)

Em outras palavras, os elementos que compõem a nossa personalidade são apenas forças que devemos usar para fins evolutivos e para o bem. De fato, isto se verificará quando a Alma, o verdadeiro Eu, tomar o controle de seu instrumento e o utilizar para o Serviço da Humanidade e para os fins espirituais dela conhecidos.

Nada há portanto, em nós, de perverso; há apenas uma atitude errada que nos identifica com o lado ilusório e irreal da vida e que nos faz inevitavelmente cometer erros.

O mal, no sentido absoluto, não existe; existe apenas a ignorância, a inconsciência e a falta de Luz.

Portanto, quando um homem, depois de várias experiências e do amadurecimento, desperta e toma conhecimento de sua verdadeira natureza e do verdadeiro e exato objetivo da existência, nada deve destruir e sim apenas canalizar e reorientar suas energias e faculdades para o verdadeiro e exato objetivo, isto é, para a Luz, o Progresso e o Bem da humanidade.

Naturalmente, pode haver um período de luta e de conflito interior até que a vontade assuma o predomínio das energias pessoais, a fim de as dirigir e canalizar. Pode haver uma fase, até bastante longa, de repressão e de disciplina, mas nunca de anulação e destruição.

Devemos ter claramente em mente, mesmo enquanto lutamos para nos dominar, que estamos apenas procurando dar nova ordem e novo encaminhamento a nossas forças psíquicas.

Muitos obstáculos que, às vezes, surgem quando nos preparamos para o trabalho de autoformação tornam-se mais facilmente superáveis, quando se tem consciência dessa verdade.

A autoformação é uma tendência natural do homem, visto que ele anseia espontaneamente por crescer e se desenvolver, como tudo o mais na natureza. É a própria lei da evolução que o impele a este crescimento interior, que o conduz sempre a novas expansões de consciência, ao amadurecimento, às conquistas, ao poder de expressar as suas mais altas qualidades e de dar realidade à sua natureza espiritual.

Disto nasce um sentimento de plenitude, de alegria e de harmonia. A desgraça do homem provém do seu encarceramento nas trevas da matéria e do conflito inconsciente que dentro dele se desenvolve entre as forças involutivas e as evolutivas, quando sua verdadeira felicidade consiste na auto-realização e na capacidade de expressar sua Alma nos três mundos.

Por isso a superação do eu inferior não é uma árida renúncia vazia nem a morte da personalidade.

Desde que a morte, no sentido material, não existe, mas é apenas uma passagem para outro plano de existência; é uma retirada da Alma, de um nível mais exterior para um mais interior e mais sutil; não existe, portanto, destruição e fim de uma tendência negativa nossa, mas apenas um retirar-se de um plano inferior e uma reorientação em direção mais elevada.

O conhecimento deste fato será de grande auxílio e favorecerá a consideração mais serena e objetiva de todos os lados de nossa personalidade, os bons e os maus; de todos os nossos impulsos, desejos e tendências, dando-nos a possibilidade de neles divisar as possibilidades latentes para o bem.

Devemos utilizar tudo o que temos no íntimo: defeitos e virtudes, impulsos negativos e tendências positivas, sublimando os primeiros, potencializando os segundos e seguindo assim o caminho natural do desenvolvimento e do crescimento.

Deste modo, será muito facilitada a tarefa de quem sente no íntimo a aspiração de se dominar, a fim de realizar seriamente um trabalho real e constante de autoformação.

É preciso identificar a meta final, manter elevado o ideal e também saber discernir qual o próximo passo e reconhecer os vários graus da ascensão, antes de chegar ao pico.

Boa parte dos insucessos na senda da autoformação tem sido causada justamente pelo senso de inadequação e de incapacidade que surge no ânimo daqueles que o enfrentam com demasiado entusiasmo, propondo-se metas excessivamente árduas e longínquas, para depois perceber que lhe faltam forças e aptidões para persegui-las.

O aspirante espiritual sabe que a estrada é longa e árdua e não tem ilusões de poder percorrê-la com agilidade e rapidez. Contempla a si mesmo desiludida e objetivamente, sabe reconhecer os limites das próprias forças e utilizar as próprias capacidades. Não ignora, todavia, que deve seguir para a frente, que é preciso percorrer a estrada sem pavores e sem hesitações, com constância, confiança e coragem, tendo sempre diante dos olhos da mente a divisa "sem pressa e sem trégua", que o acompanhará passo a passo em direção à Luz.

2.ª Lição

As Bases da Autoformação

Quem se dispõe a iniciar um trabalho de autoformação, a primeira coisa que deve fazer é deixar bem claro para si mesmo qual o fim que deseja atingir. Eis por que é necessário "formar um ideal".

Como pode uma pessoa melhorar a si própria, reparar nas próprias deficiências, nos erros que comete, se não tem diante dos olhos um termo de comparação?

Como podemos compreender que se é imperfeito, quando se ignora o que é a perfeição?

É preciso, portanto, prefixar uma elevada meta a ser conquistada passo a passo, um ideal ao qual se inclinar, para tentar conformar-se com ele.

Naturalmente o ideal da perfeição pode ser diverso, de pessoa para pessoa, por apresentar qualidades e notas diferentes, segundo o temperamento de quem o escolhe.

Um místico, por exemplo, desejará ser santo, um temperamento científico desejará ser um benfeitor da humanidade no campo da ciência, um artista tentará com todas as forças tornar-se um luminar no campo mais sublime da arte, e assim por diante.

Todavia, é preciso ter bem claras algumas idéias e acima de tudo as seguintes: o ideal que nos devemos propor será *espiritual* e não terreno e pessoal e deve ter em si qualidades *espirituais* e qualidades *anímicas*.

Neste ponto, parece-me oportuno uma parada e a abertura de um parêntese, a fim de indicar as qualidades da Alma.

Sabemos que a Alma, ou Eu Superior, tem três aspectos:

Vontade — *Pai*.

Amor — *Filho*.

Atividade Inteligente — *Espírito Santo*.

Todavia, tais aspectos e qualidades não se assemelham a nós, que vivemos imersos na personalidade; nós os concebemos, mas como de outra natureza, mais ampla, impessoal, universal e unitária.

A Vontade da Alma não é a da personalidade, limitada, egoísta, ambiciosa, afetada, e sim dinâmica, ampla, libertadora e altruísta: é a *Vontade do Bem*.

O Amor da Alma nada tem a ver com o sentimento pessoal que conhecemos e que faz vibrar nosso corpo emotivo; é uma radiação vivificante, magnética, que dá o sentido da unidade, da universalidade, da consciência de grupo, da compreensão completa e do poder de identificação com outros seres humanos e com tudo o que faz parte da criação. Não é possessivo, não é exclusivo, não é limitado, não pede reciprocidade, mas expande-se como um calor vivificante, como uma nascente natural.

Ele oferece o poder de compreender, de intuir, de vibrar em uníssono com tudo o que existe.

O lado ativo da Alma é sobretudo o da criatividade e da sabedoria. É uma luz vívida e radiante, límpida e clara. A mente da Alma não raciocina: sabe. Não conhece: intui. É, acima de tudo, Luz.

Todavia, sinto que aqui estão nada mais que "palavras", as quais não conseguem dar expressão à beleza, à harmonia, à plenitude das qualidades da Alma que aqui procuramos em vão definir. Empenhamo-nos em *imaginar* quais são e nesse esforço nos elevamos até que, com o tempo, e depois de várias fases de purificação, nos possamos sintonizar conscientemente com a vibração Anímica e ter a revelação de sua verdadeira natureza. Saberemos realmente *como* é a Alma só quando entrarmos em contato com ela.

Até então, devemos fazer o possível para dar ao nosso ideal todas as qualidades espirituais, as mais sublimes que nos venham à imaginação, bem como as mais elevadas, as mais impessoais e as mais altruístas que nossa mente possa conceber.

Este ideal, ainda que para cada um de nós possa assumir uma linha particular, deverá possuir as qualidades espirituais fundamentais comuns a todos os demais ideais acerca da Vontade, do Amor e da Inteligência da Alma.

Devemos, além disso, saber que nossa personalidade, a qual é tríplice (corpo físico-etérico, corpo emotivo e corpo mental), deve atingir tal ponto de requinte e purificação que se possa tornar um perfeito canal para as três energias da Alma, exatamente do seguinte modo:

— o corpo mental deve refletir a *Vontade da Alma.*

— o corpo emotivo deve refletir o *Amor da Alma.*

— o corpo físico-etérico deve refletir a *Atividade inteligente da Alma.*

Portanto, como disse na lição precedente, nada devemos destruir de nossa personalidade; devemos apenas "requintar", purificar, sublimar.

As três energias da personalidade (etérica, emotiva, intelectual), são apenas o reflexo degradado das três energias da Alma.

Devemos ter sempre presente este fato.

O ideal que devemos atingir, portanto, não deve ser vago e impreciso, mas bem definido, sob todos os seus ângulos. Em outras palavras, deve ser a imagem do verdadeiro Homem, daquilo que nós "realmente somos" em potencial. É evidente, portanto, que aquilo que propomos não é nada de utópico, de ilusório, de efêmero, mas algo de eminentemente concreto e positivo.

Parece absurdo, mas devemos é nos tornar "aquilo que realmente somos".

Como dissemos em outra ocasião, devemos dar "expressão" ao que jaz latente, à nossa verdadeira natureza espiritual, ao nosso verdadeiro eu, à Alma.

Esclarecida a meta e definido em termos precisos o ideal a atingir, devemos ver concretamente o que havemos de fazer para conseguir tal fim.

Em primeiro lugar, devemos fazer, por assim dizer, um balanço, o mais possível próximo à realidade, de nosso grau evolutivo, de nosso temperamento psicológico e das condições dos veículos da nossa personalidade; em segundo lugar, devemos preparar um programa pormenorizado do trabalho a ser realizado.

Um balanço, ainda que sintético, é necessário para que compreendamos quais as nossas maiores deficiências e quais, ao contrário, os pontos sobre os quais podemos aplicar a alavanca.

Devemos, por exemplo, procurar determinar se somos predominantemente introvertidos ou extrovertidos; ou melhor, se tendemos mais a nos voltar para o interior de nós mesmos, a refletir, a dar mais importância ao nosso mundo subjetivo do que ao objetivo; ou se somos inclinados a expansões dirigidas ao exterior, a agir, a observar o mundo que nos circunda, etc.

Além disso, devemos poder especificar qual o veículo de nossa personalidade (o etérico, o emotivo ou o mental) que mais se desenvolveu e amadureceu e conseqüentemente, que podemos usar mais amiúde. Compreenderemos também nossa "polarização", isto é, em que veículo focaliza-se predominantemente nossa consciência.

Devemos, enfim, ter um quadro bastante claro de nós próprios, embora traçado somente nas grandes linhas, para poder dar início à obra de formação verdadeira e própria.

A primeira coisa que faremos é tratar da *purificação*, que, na realidade, é uma obra de preparação de terreno, de beneficiação, ou melhor, de liberação dos impedimentos, impurezas e defeitos.

Que significa, na realidade, "purificar"?

Literalmente significa "tornar-se puro, límpido, claro, asseado", liberar-se das impurezas, das escórias.

Quando se quer extrair o metal puro de uma substância bruta, submete-se esta última a várias operações químicas, até que toda a escória se destaque, se aparte e se queime.

Nós também, em certo sentido, devemos descobrir o "metal puro", o *ouro* dos alquimistas, ou melhor, nossa verdadeira individualidade, nosso Eu verdadeiro; e deste modo, pouco a pouco, aprendemos a discernir em nós mesmos o que é real e o que é irreal; o que pertence ao Eu, e o que pertence ao não-eu; mas é preciso submeter-se ao cadinho da purificação.

Os três veículos da personalidade, como já foi dito acima, devem respectivamente espelhar a qualidade da Alma. As substâncias que compõem estes três corpos pessoais devem ser eliminadas e finalmente substituídas por energias Anímicas. Por enquanto isto é remoto; devemos agora contentar-nos com uma meta mais próxima, ou antes, a de tornar estes três veículos límpidos, claros e puros, por meio do refinamento das substâncias que os compõem.

A esta altura, necessariamente, surgem algumas perguntas: o que significa realmente "impureza"? O que torna impuros os três corpos da nossa personalidade?

Se considerarmos cada um dos veículos como um conjunto de energias, a impureza significará: *"vibração baixa, lenta"*.

Cada corpo (ou veículo) da nossa personalidade é subdividido em sete subplanos ou sete gamas vibratórias.

Quando um homem é pouco evoluído, apenas as mais baixas gamas vibratórias de seus veículos estão em movimento.

Se traduzirmos a palavra "vibração" em termos psicológicos, teremos "qualidade", "tendência", "característica", etc. De fato, se um homem tem qualidades negativas, ou melhor, defeitos, falhas, atitudes errôneas, etc., suas vibrações psíquicas serão baixas, ao passo que se tem qualidades positivas, tais como virtudes, valores, aspirações superiores, suas vibrações serão mais elevadas e freqüentes.

A todos os nossos veículos correspondem qualidades e características particulares e, de fato, os três veículos da personalidade podem ter defeitos e virtudes próprias.

Portanto, a primeira coisa que deveríamos fazer seria uma análise que examinasse nossos defeitos e valores, procurando depois decidir a que veículo seriam atribuíveis.

Assim poderemos perceber qual de nossos três corpos é o mais puro e elevado e qual é o mais impuro.

Saberemos assim qual é a vertente de nossas maiores dificuldades e qual o ponto em que temos vantagens e sobre o qual podemos nos apoiar.

A purificação é por isso uma obra de *refinamento* das vibrações de qualquer dos três veículos, isto é, a eliminação dos defeitos, dos lados negativos de cada um e de sua substituição pelas qualidades e virtudes correspondentes.

As pessoas comuns, quando ouvem falar de "impureza", geralmente ligam o termo apenas ao lado físico e instintivo do homem, ao passo que podem existir impurezas muito mais graves e nocivas no campo das emoções e do pensamento.

Eis por que penso ser muito importante compreender bem o que significa pureza física, pureza emotiva e pureza mental, e para tanto é preciso esclarecer quais são as maiores impurezas do:

1) corpo mental (inferior),

2) corpo emocional,

3) corpo físico-etérico.

Existem duas espécies de impureza:

a) as *próprias* aos vários veículos,

b) as *derivadas* das influências de outros veículos ou do exterior.

A impureza propriamente dita é a que se encontra num dado veículo por efeito das vibrações baixas e grosseiras e de carência de refinamento da substância que o compõe; essas vibrações transformam-se sem demora em defeitos, negativismo, falhas e atitudes errôneas, etc.

As impurezas derivadas são as nascidas da influência de outros veículos ou de energias provenientes do exterior, que provocam uma mescla híbrida de vibrações. Naturalmente, referimo-nos aqui às influências negativas e impuras e não às boas e positivas.

É igualmente verdade que os veículos (ou corpos) da nossa personalidade não deveriam funcionar separadamente e que deveria haver uma cooperação harmônica e um intercâmbio contínuo de energias, o que deveria provir de modo controlado e direto do veículo superior, que é a mente, a qual deveria naturalmente ser purificada e desenvolvida adequadamente. Acontece geralmente que, ao contrário, há uma influência recíproca entre os três veículos, mas não em sentido positivo. Por exemplo, os instintos (cuja sede fica no etérico) podem influenciar as emoções, suscitando paixões e desejos, que influenciam até a mente, a qual será, nesse caso, empregada para conseguir o desejo e estará, portanto, sujeita ao instinto.

Não apenas um veículo inferior pode influir negativamente no superior, mas também o superior pode aumentar a impureza do inferior. Por exemplo, o ódio a uma dada pessoa pode ser acrescido pela mente produtora de orgulho, separação, pensamentos de crítica maldosa, etc.

Considerando, portanto, que em todos os veículos existe impureza própria (devida à própria natureza da substância que os compõe), e também impureza derivada, cabe-nos observar e analisar a fim de verificar se os defeitos humanos derivam do grau evolutivo de um dado veículo, ou do funcionamento errado desse veículo.

Na personalidade harmônica e equilibrada o veículo superior domina o inferior, não o influencia negativamente e não é por ele influenciado.

Surge naturalmente uma pergunta: Será melhor começar a purificação do exterior ou do interior?

Em outras palavras: iniciar-se-á a obra de purificação do mundo psíquico ou do físico?

Há uma grande diferença entre pureza exterior e pureza interior; visto que a primeira é uma coisa francamente física e material, é possível consegui-la pela simples obediência às regras de higiene e limpeza, ao passo que a segunda, pelo seu caráter psíquico, e portanto energético, pressupõe a aquisição de uma série de qualidades morais, além da superação do egoísmo.

A verdadeira pureza é a interior, e dela se consegue espontaneamente a exterior. Por isso seria lógico que começássemos do interior para atingir o exterior.

Todavia, não sendo fácil conhecer a mais profunda camada de nós mesmos, raramente se aconselha que se tome como ponto de partida o elemento mais fácil de conhecer, para qualquer de nós, ou o veículo para o qual sentimos mais necessária a purificação e a nova ordem.

Pode acontecer que, de início, aflore na análise apenas um defeito ou um só ponto negativo, o que constitui o maior obstáculo e problema para nós. É então nesse defeito que se deve trabalhar, antes de começar a considerar a personalidade inteira.

Devemos ter sempre presente, no entanto, que a verdadeira e real pureza tem um significado muito profundo, visto que se refere ao que a determina: "Se o incentivo à ação nos três mundos provém do desejo pessoal, se a ação foi realizada por meio do uso da mente inferior, então sua característica será a impureza." (*Trattato di Magia Bianca,* de Alice Bailey, p. 292.)

À medida que nos adiantamos no caminho da purificação, percebemos que é preciso investigar sempre mais profundamente, a fim de alcançar a origem de nossos atos, sentimentos, pensamentos e do impulso que realmente os causou, do móvel que está atrás das aparências exteriores; só assim descobriremos a verdade e saberemos discernir o puro do impuro. Eis o motivo pelo qual uma das qualidades fundamentais que nos aconselham a cultivar é o *discernimento*, isto é, a faculdade de avaliar, julgar e separar o real do irreal, o justo do injusto e o verdadeiro do falso.

Ao mesmo tempo que o discernimento, devemos desenvolver cada vez mais o *senso moral*, ou antes, a capacidade de compreender o que é bom, justo, verdadeiro, construtivo e o que é mau, nocivo e injusto.

Nem todos têm o senso moral igualmente desenvolvido e poder-se-ia julgar o grau de desenvolvimento de um homem pela sua maior ou menor amplidão e profundidade.

Em nossa própria profundidade jaz a verdade. Ninguém mais poderá descobri-la, a não ser nós mesmos. Os outros só podem julgar do exterior, das aparências. Um ato pode ser julgado bom pelos outros, embora suas raízes mergulhem na ambição e no interesse. Só nós mesmos, frente à nossa consciência, podemos saber qual foi o móvel do nosso ato.

A exterioridade, portanto, nada vale; não conta que nos creiam bons, sábios, justos e afetuosos, se confrontados com a própria Alma reconhecemos que ela abriga egoísmo e ambição.

A verdadeira pureza, portanto, é fato interior, conquista interna.

Eis por que iniciaremos com o exame da purificação mental, pois "como um homem pensa, assim ele é"; devemos, portanto, começar por purificar o modo de pensar, a fim de poder pouco a pouco agir sobre os demais veículos elevados e levar a Luz e a Pureza a toda a Personalidade.

Questionário

1. Tem clara a meta a alcançar na sua autoformação?

2. O fim da vida é manifestar na personalidade as qualidades da alma. Saberá dizer quais, segundo seu modo de ver, seriam essas qualidades?

3. Qual dos três veículos de sua personalidade lhe parece o mais desenvolvido e qual o menos?

4. Qual o mais purificado e requintado e qual o menos?

5. Qual dos três corpos apresenta para você maiores obstáculos e dificuldades?
6. Qual é o que você domina menos?
7. O que significa impureza?
8. Que significa, segundo seu modo de ver, a purificação?
9. Por que se diz que a verdadeira pureza é interior?
10. Que significa "móvel justo"?
11. Acredita ser predominantemente extrovertido ou introvertido?

3.ª Lição

A Purificação Mental

Antes de iniciar o exame da purificação mental, façamos uma pausa, a fim de considerar um pouco a composição do corpo mental do homem.

Por "corpo mental" entendemos o conjunto de princípios intelectuais, assim como pelas palavras "corpo emotivo" entendemos o conjunto de energias e qualidades afetivas.

O corpo mental tem vários níveis e gamas vibratórias, como aliás os demais veículos da personalidade, mas quanto a este há uma diferença muito importante. Os níveis dos outros corpos da personalidade (sete, para cada pessoa) pertencem todos ao plano da personalidade, ao passo que dos sete níveis do corpo mental, os primeiros três (os superiores) pertencem ao plano da alma e os últimos quatro (inferiores) pertencem à personalidade. Os três superiores são chamados globalmente pelo nome de "corpo mental superior", e os quatro inferiores "corpo mental inferior" ou concreto.

Isto poderia levar a crer que a mente do homem forma um todo único com a Alma, mas o caso não é este.

Na realidade, entre a mente inferior e a superior existe uma como que *interrupção, uma cisão,* que o homem deverá pouco a pouco preencher, lançando do nível mais baixo, do *antakharana,* uma ponte cuja construção requer trabalho longo e difícil, métodos e técnicas de meditação, desenvolvimento mental e ampliações que ainda se situam muito longe do homem comum.

Por que existe esta cisão?

O homem, quando pensa, usa, geralmente, os últimos dois níveis, ou planos inferiores do corpo mental inferior ou, precisamente, o sétimo e o sexto, deixando de utilizar e portanto atrofiarem-se o quarto e o quinto níveis.

Só quando começa a desenvolver-se a capacidade de raciocínio abstrato, a ampla e impessoal inteligência do sábio ou do filósofo, e quando a mente começa a libertar-se das impurezas, incrustações e limitações, é que principiam a vibrar o quarto e o quinto planos inferiores e começa a construir-se o *antakharana.*

Somos ligados à Alma por meio do "fio de vida" (*sutratma*), o qual dá vitalidade, energia e existência à personalidade, porém não o conhecimento, a consciência e a percepção intelectual do plano anímico.

Por meio do *sutratma,* que atravessa os três veículos da personalidade, podemos chegar a um rápido vislumbre, a uma visão fugitiva do esplendor da Alma, em momentos de elevação e de aspiração ardente; o contato são, consciente e duradoro, porém, só nos será possível depois de construída a ponte entre a mente inferior e a superior.

Tal ponte deve ser construída desde os alicerces.

Não posso por ora alongar-me neste assunto porque seria prematuro e esconde, sob sua simplicidade aparente, todo um trabalho longo e complicado, uma técnica de meditação, um grau evolutivo que ainda nos falta alcançar.

Ocupar-nos-emos aqui da mente inferior, que deve ser purificada e dominada e, em todo o caso, desenvolvida.

O nível superior do mental, onde residem a intuição, a razão pura e o mundo das idéias abstratas, deve ser por ora deixado de parte.

Durante a presente lição utilizaremos, uma vez ou outra, o termo "mente" para referirmo-nos ao corpo mental inferior.

O problema da mente é demasiado vasto e complexo e não temos a presunção de exauri-lo num estudo breve como o presente.

Procuraremos tocar os pontos principais e apresentar as linhas gerais sobre as quais qualquer pessoa poderá refletir mais profundamente, à medida que prossegue no caminho da formação espiritual.

Antes de examinar quais são os obstáculos, defeitos e impurezas que podem ser encontrados na mente, procuremos verificar qual deveria ser o seu verdadeiro objetivo e a sua verdadeira natureza.

No que toca à personalidade, a mente deveria representar o fator dirigente, o ponto a partir do qual deveria proceder o governo e o controle das energias pessoais. É preciso não esquecer que a mente representa o reflexo da Vontade espiritual na personalidade.

Em relação ao mundo objetivo, a mente deveria funcionar como órgão de conhecimento, transformando as sensações que chegam a nós, transmitidas do mundo externo por meio dos cinco sentidos, sob a forma de conceitos, idéias, raciocínios, etc.

Além destas deve haver uma outra função da mente, ignorada da maioria; a de voltar-se para o interior, para o que é elevado, a fim de conhecer o mundo das causas e dos significados, captando as idéias que descem ao plano da Alma.

Na realidade, a mente tem natureza dualística e por isso pode voltar-se para o interior e para o exterior.

É comparável a Jano bifronte, que tem um rosto voltado para o mundo das formas, para as manifestações, e outra face voltada para o mundo interno, subjetivo.

O homem, todavia, utiliza quase exclusivamente o rosto voltado para o exterior e isto de modo errado, pois ele crê real aquilo que é ilusório e não consegue passar além da forma objetiva. No que diz respeito à personalidade, de mais a mais, nem sabe utilizar a mente como fator dirigente, deixando-se dominar pelos instintos e paixões permitindo até que a mente a estes se subordine.

A mente, se utilizada apenas para o exterior, pode constituir-se num grande problema para o homem e mesmo num imenso obstáculo.

Na *Voz do Silêncio* está escrito: "A Mente é a grande destruidora do Real", isto é, ela, com sua atividade contínua, com seus raciocínios capciosos, faz com que identifiquemos a realidade com o mundo ilusório que conhecemos pelos sentidos, produzindo uma espécie de névoa que impede o livre fluxo da intuição.

"É a natureza dualística da mente que produz a ilusão, pois a mente ou apresenta ao homem as chaves do reino dos céus ou lhe bate na cara a porta que o poderia admitir às realidades espirituais. A mente concreta é causa de muitos males para a humanidade." (A. A. Bailey, *Trattato di Magia Bianca*, p. 691.)

Portanto, se não aprendermos o verdadeiro objetivo e uso da mente — ao invés de ver nela um grande auxílio, o qual nos poderia conduzir à soleira do "Reino dos Céus" — teremos uma série de dificuldades e problemas difíceis de superar.

Todavia, na presente fase de evolução, todos temos ainda que resolver muitos problemas de natureza mental e muito que nos desenvolver.

Vejamos agora quais são os pontos a examinar, no que toca à mente.

A primeira coisa que devemos tentar compreender, por meio da auto-análise, são as dificuldades e falhas de nossa mente, conseqüentes do escasso desenvolvimento ou talvez derivadas de um desenvolvimento errôneo e da falta de purificação.

Existem, naturalmente, vários graus de desenvolvimento mental e não podemos pretender ter atingido eficiência completa e o ponto máximo da evolução mental; pode até dar-se o caso da nossa mente estar em nível evolutivo inferior ao dos outros dois veículos da personalidade, donde deriva sua nenhuma liberdade, sua falta de domínio e limpidez e sua situação continuamente ligada, subordinada e ofuscada por influências instintivas e emotivas.

Devemos, portanto, reconhecer com objetividade o grau de desenvolvimento de nossa mente a fim de poder agir com oportunidade.

Existem até pessoas de mente embrionária, que utilizam predominantemente o corpo emotivo. Seu problema, portanto, exorbita do que tratamos na presente lição, o qual tem a ver com a purificação mental; mas este será o mesmo que *desenvolvimento mental*.

Trataremos agora das mentes que têm certo grau de desenvolvimento e tentaremos determinar quais podem ser os defeitos principais do corpo mental inferior.

Como vimos na lição precedente, podem existir em cada veículo da personalidade, impurezas próprias e impurezas derivadas, e o mesmo acontece também na mente.

I. — As impurezas derivadas, isto é, as influências dos outros corpos pessoais sobre a mente são causadas pelo escasso desenvolvimento do veículo mental, em confronto com os outros dois. Por esta razão, como ficou dito acima, o pensamento deixa de ser límpido e livre e torna-se confuso com elementos emotivos e instintivos. Pode-se até dizer que não existe o pensamento em si e sim um estado misto designado pelo termo sânscrito *"kama-manas"* (*kama* = desejo; *manas* = mente).

A maior parte da humanidade está neste estado "kama-manásico" e não sabe, com efeito, distinguir entre pensamento, emoção ou impulso instintivo, tanto estão eles enleados, mesclados e confusos na sua psique. A maior parte das pessoas usa a mente só nas ocasiões em que devem estudar, analisar um argumento difícil ou resolver um problema, e isso mesmo com esforço e por tempo limitado; permanecem geralmente imersas num estado passivo e confuso, no qual a mente é apenas um instrumento que registra os estímulos que lhe são transmitidos por meio das sensações, mas sem formular raciocínios, idéias e conceitos.

29

Poucos são os que sabem pensar.

Tal declaração pode parecer demasiado pessimista, o que na realidade não é, pois o que nos impede o pensamento é a própria vida moderna, com sua atividade incessante, sua extroversão excessiva e seu ritmo agitado. Passamos de um estado de extroversão e atividade, voltados para o mundo físico, a um estado, de tranqüilidade semelhante a uma condição de sonho e ausência de pensamento durante o qual, com o pretexto de que estamos cansados e temos necessidade de repouso, procuramos nos distrair com divertimentos ou leituras superficiais.

Muito poucos são os que amam o pensamento, a leitura, o estudo, a reflexão e que usam sua mente e utilizam suas faculdades mentais.

Voltando, portanto, ao argumento, as maiores impurezas mentais são devidas às influências emotivas instintivas, pois não sabemos desenredar a mente daquilo que a entrava, para torná-la dinâmica, viva e eficiente.

Se reconhecermos sinceramente, com uma auto-análise, que temos uma mente ainda *kama-manásica,* e se só conseguirmos pensar com esforço e fadiga, devemos tentar desenvolver aos poucos o aparelhamento mental, ou melhor, utilizá-lo mais, pois *a mente se desenvolve com o uso.* É preciso tratar de ler, de estudar, pelo menos uma hora por dia, um livro que estimule nosso mecanismo de pensar e que nos faça refletir. É preciso cultivar o recolhimento, a solidão, pelo menos durante um certo espaço de tempo, todos os dias.

Só na solidão aprende-se a pensar.

Na realidade, nesta fase *kama-manásica* - trata-se de fortalecer e ativar a mente, ainda mais do que de purificá-la, visto que, ao tornar-se mais positiva e eficiente, ela saberá libertar-se das névoas da emoção e dos vínculos do instinto.

II. — No que toca à impureza propriamente dita, devemos distinguir duas espécies:

a) a comum a todas as mentes.

b) a particular, conforme o temperamento do indivíduo.

30

Vejamos primeiro a impureza comum a todas as mentes.

No início desta lição afirmamos que a mente inferior pode constituir um grande problema para o homem e, na realidade, assim é.

Quando o homem começa a se polarizar mentalmente, ou melhor, a identificar a consciência do seu *"eu"* com essa polarização, sobrevém uma modificação muito sensível em sua atitude interior.

Antes, enquanto predominava o corpo emotivo, a consciência do "eu", como entidade separada e individualística, era antes débil e incerta, visto que a polaridade emocional era vaga e flutuante e tornava imprecisos os limites e contornos da personalidade. A pessoa emotivamente polarizada estava aberta a todos os influxos e oscilava continuamente entre vários estados psíquicos, carecendo portanto de "fisionomia" individual muito precisa e de uma consciência do "eu" pessoal bem delineada e firme.

Ao contrário, ao passar para a polaridade mental, a primeira coisa que a pessoa descobre é que é um "eu" separado, um ser pensante. O "cogito ergo sum", de Descartes, significa talvez isto mesmo: se penso, "eu sou", colocando a importância sobretudo no fato do "eu sou", não ainda no sentido espiritual, mas no pessoal e separador.

O reconhecimento do eu, como entidade separada, como *um,* não é algo de mau por si só, ou algo de nocivo; é, ao contrário, um progresso, se confrontado com a vaga consciência da massa, mas deveria ser um estágio de passagem para aprofundamentos ulteriores, um grau na ascensão para o reconhecimento de que o eu é, na realidade, uma entidade bem definida e precisa, mas também algo de divino e comum a todos os homens, presente em todos os indivíduos, além de ser um fator interno que os confraterniza e os funde num sentimento de unidade subjetiva.

Mas o homem, ao encontrar-se frente à descoberta da própria individualidade é, de início, invadido por um sentimento de orgulho infinito, de força e superioridade, visto que acredita ser o único a *sentir a vida* e ter a percepção da própria existência, e se sente *diferente, isolado, separado* dos demais.

Surge então a insídia oculta na mente: o sentimento da separação. Dela derivam todos os defeitos, impurezas e erros que transformam a mente num mecanismo perigoso e num poderoso obstáculo, que o aspirante espiritual deve saber superar e transformar.

Eis porque todas as mentes com um certo desenvolvimento, mas ainda não purificadas e iluminadas, possuem como defeito fundamental a separação, que suscita o egoísmo, o orgulho, a presunção, a ambição, a crítica, a dureza, a intolerância, o desprezo e todas as impurezas que têm como perspectiva a consciência errada de sentir-se diferente, separado, superior em relação aos outros homens.

"A mente concreta é sempre egoísta, egocêntrica e expressa a ambição pessoal que traz dentro de si o gérmen de sua destruição." (A. A. Bailey, *Trattato di Magia Bianca.*)

O homem, no entanto, deve necessariamente passar através da fase do desenvolvimento da mente inferior e atravessar o estágio da polaridade mental, mas se tem consciência dos perigos, das insídias ocultas, saberá mais facilmente afrontá-las e superá-las.

O aspirante espiritual deve saber que sua tarefa é a de desenvolver a mente, de tornar seu aparelhamento mental mais eficiente e mais poderoso e, ao mesmo tempo, deve conhecer os perigos, as dificuldades que surgem do desenvolvimento mental, a fim de sabê-los evitar com sabedoria, equilíbrio e discernimento, não negligenciando o cultivo do amor no seu coração, a compreensão do próximo e a pureza de motivos.

Pouco a pouco aprenderá a utilizar a mente, e mesmo a voltá-la para o interior, tornando-a um verdadeiro instrumento da Alma, que tenta comunicar-se com a personalidade.

Vejamos agora as impurezas mentais *particulares,* ou melhor, as devidas ao particular tipo psicológico, à nota e ao raio de uma dada mente.

As mentes, de modo geral, são de três tipos:

1) a mente de tipo científico (V Raio);

2) a do tipo que harmoniza os opostos (IV Raio);

3) a do tipo filosófico (III Raio).

Cada um destes tipos mentais tem suas características, suas qualidades e seus defeitos, bem como seu modo particular de conceber idéias, de raciocinar, além de seu funcionamento específico, o qual é diverso do de outros tipos.

Trataremos agora dos defeitos e dos lados negativos e impurezas de cada um destes tipos de mente.

1) A mente do tipo, assim chamado, científico (V Raio) é muito analítica, profundamente aguda, além de observadora; volta-se para o estudo do mundo objetivo, dos homens e dos fenômenos da natureza, desejosa de descobrir as causas que estão subjacentes às coisas.

Destas atitudes típicas derivam, quando a mente pertence a um homem não ainda purificado e iluminado na Alma, os seguintes defeitos: criticismo, presunção, preconceitos, prejulgamentos, cristalizações, fechamentos, formalismo, rigidez mental, tendência a julgar desapiedadamente, desprezo pelo próximo, incompreensão, intolerância, exagerado espírito analítico, falta de senso psicológico, materialismo, dureza.

Todos estes defeitos e erros, afinal, derivam da atitude particular desta mente, a qual tende a procurar a verdade por meio da análise e da observação do mundo externo, da vida da forma e dos fenômenos objetivos.

Um homem suficientemente evoluído, quando possui este tipo de mente, dela se serve para alcançar além do mundo dos fenômenos, descobrir causas, conhecer cientificamente as leis espirituais e a vida da Alma.

Tais atitudes ocorrem sempre que desperta no homem a intuição e que há um contato com o Eu Superior. Nos menos evoluídos, ao contrário, a mente deste tipo produz as impurezas acima mencionadas, as quais, naturalmente, podem ser mais ou menos acentuadas e modificadas pelos outros elementos da personalidade.

2) A mente do tipo da "harmonia entre opostos" (IV Raio), é bastante complexa, visto que, antes de atingir a harmonia, passa através de um conflito, que naturalmente produz uma série de erros de atitude, de confusões e de crises.

A meta seria poder ver mentalmente os dois lados de toda questão e de toda verdade, sabendo fundi-las numa unidade superior que as inclui a ambas. Mas é exatamente essa tendência fundamental de ver as coisas dualisticamente que degenera em dúvida, incerteza, luta contínua, oscilação e inconstância, além da falta de princípios sãos e conceitos claros.

Com efeito, a impureza fundamental deste tipo de mente provém de tais oscilações contínuas entre dois princípios. Eis por que encontra-se freqüentemente neste tipo de mente rebelião contra princípios morais e mesmo uma espécie de amoralidade, pois falta-lhe o senso do bem e do mal, do justo e do injusto. Além disso, é incapaz de julgar os outros, por falta de domínio, anticonvencionalismo, excentricidade, originalidade e tendência espontânea a submeter-se às influências de todo gênero no campo intelectual.

Acrescente-se a tudo isto, contínuos conflitos interiores, freqüentes crises, dúvidas profundas, pois naturalmente uma tal atitude mental não pode produzir a serenidade e a sabedoria, que são conseguidas pelo discernimento e pelo equilíbrio, mas apenas desgraça, sofrimento e agitação incessante.

Somente a harmonia e a fusão dos opostos numa verdade única e mais elevada poderão dar equilíbrio e calma a este tipo de mente.

3) A mente do tipo, assim chamado, "filosófico" (III Raio) é um tanto difícil de compreender, pois há muito destaque entre os defeitos e qualidades que pode produzir.

É, antes de tudo, uma mente viva e ativa, mesmo quando pertence a um indivíduo pouco evoluído, mas sua característica principal é a falta absoluta de senso concreto e prático.

É um tipo de mente que se move, pensa e vibra só pelo prazer de utilizar a matéria mental, de *"raciocinar"*, embora no vazio e sem objetivo, com argumentos inúteis e sem sentido.

Desta típica atitude nascem não poucos defeitos em homens menos evoluídos; por exemplo, a astúcia, a tendência ao equívoco e à fraude, às trapaças, à insinceridade, à falsidade, à falta de senso do concreto, ou de concentração, inconstância, incapacidade de terminar uma coisa começada, falta de bom senso, etc. Em outras palavras, se tal tipo de mente pertence a uma pessoa não ainda desperta para a espiritualidade, ainda egoísta e impura, haverá a sujeição da inteligência aos objetivos egoístas e de separação da personalidade.

Se uma tal mente, ao contrário, é iluminada pela intuição, temos o filósofo intuitivo, o matemático abstrato, o homem de pensamento e de estudo. Em suma: será a utilização mais fácil da mente e a manipulação das idéias em seu melhor sentido.

Como é fácil perceber, cada qual poderá descobrir, a partir dos próprios defeitos mentais, as causas que os produziram, o tipo particular de sua mente e, portanto, poderá passar a agir sobre ela de modo adequado, pois, naturalmente, o modo de corrigir e purificar uma mente do tipo científico será diverso do que se deve utilizar para os outros dois tipos de mente.

Efetivamente, os defeitos da mente do V Raio, que provêm da excessiva identificação com a forma, com o mundo objetivo, modificam-se, com a tentativa de desenvolver a intuição, a sensibilidade psicológica e, além disso, procurando equilibrar a dureza da mente e sua escassa plasticidade com exercícios próprios para o desenvolvimento da imaginação e da fantasia. A mente deste tipo, aliás, geralmente pertence a um indivíduo pouco desenvolvido emocionalmente, carente de amor e de afeto; portanto, deverá ser desenvolvido e mais utilizado o seu corpo emotivo, que certamente, nestes casos, é reprimido ou embrionário.

Para a mente do IV Raio, ao contrário, será preciso sobretudo autodomínio e depois o desenvolvimento da sabedoria, do equilíbrio e do discernimento.

É preciso, além disso, cultivar a calma e a serenidade interiores, a fim de que, ao surgir um conflito, possa observá-lo com olhar desligado e sereno e saiba esperar que se resolva, sem participar e sem lançar-se insubordinadamente na luta. Será necessário elevar-se ainda mais e quando se apresentar uma dualidade que deve ser resolvida, melhor será esperar, aguardar que nessa mente se apresente uma terceira alternativa que inclua as duas outras, fundindo-as todas.

Quem tem mente do III Raio, parece-nos que deve agir segundo seus motivos e cuidar para que sua inteligência se volte para o bem e para o justo, e nunca para objetivos egoístas, ociosos e improdutivos. Será necessário habituar-se a dominar até a vivacidade do pensamento, concentrando na escolha, propositalmente feita, dos assuntos sobre os quais será preciso refletir e pensar.

A pessoa deverá tornar-se mais ativa, mais concreta e criativa e procurar dar realidade prática ao pensamento, em vez de o manter num plano de abstração inútil e até prejudicial. Todavia, sendo o defeito principal deste tipo de mente, como acima dissemos, a impureza dos motivos, a primeira coisa a cuidar será "tentar superar a tendência de servir-se da mente para fins egoístas e enganosos", aproveitando-se da ingenuidade de outros.

Eis por que a purificação mental procura principalmente que as pessoas conheçam quais as impurezas e defeitos que se podem encontrar na própria mente, pois, como vimos, podem ser múltiplas as origens da falta de pureza do aparelhamento mental.

É preciso reconhecer igualmente que não é fácil agir sobre a mente, pois a atual fase evolutiva da maior parte da humanidade crê que o princípio mental é o mais alto que se conhece, sendo, portanto, difícil encontrar ponto de apoio superior donde observar o aparelhamento intelectual e agir de acordo com as observações.

Naturalmente é mais fácil trabalhar com o corpo emotivo e com o etérico, pois podemos nos elevar acima deles, focalizando a atenção na mente.

Todavia, embora reconhecendo a dificuldade deste trabalho de purificação mental, devemos tentar realizá-lo, visto que é da máxima importância conseguir a pureza do pensamento. Desta provém a pureza dos demais veículos e das nossas ações. O pensamento mais cedo ou mais tarde se traduz em atos, eis por que se diz: "Como um homem pensa em seu coração, assim ele é."

Procuremos, igualmente, refletir conscienciosamente durante um certo espaço de tempo, todos os dias, e recolher-nos para tentar analisar o funcionamento de nossa mente e verificar, sobretudo, se é suficientemente desenvolvida ou não, e se nela se encontram impurezas provenientes dos outros veículos (o que certamente encontraremos) e se, além disso, existem impurezas devidas às nossas próprias atitudes mentais errôneas, visto que não aprendemos ainda a fazer de nossa mente um instrumento a serviço da Alma; nós a usamos continuamente para obedecer aos desejos e necessidades da personalidade.

Decerto encontraremos algumas das tais impurezas, juntamente com muitas deficiências de desenvolvimento; será preciso então, com calma e paciência, pôr mãos à obra, uma vez que desejamos que pouco a pouco nosso corpo mental se purifique, se desenvolva em toda plenitude e comece a vibrar em todos os seus níveis, para que seja preenchida a brecha entre a mente inferior e a mente superior; é necessário que superemos defeitos e erros e que preenchamos as lacunas. Deste modo terá início a construção da primeira arcada da ponte que subirá até a Alma.

Questionário

1. Sabe pensar de modo claro, límpido, livre de influências emotivas ou instintivas?

2. Tem facilidade de concentrar a mente sobre qualquer assunto, ou não?

3. É capaz de dominar pelo raciocínio um forte estado emotivo ou um afeto predominante?

4. Para você, é fácil ou difícil refletir sobre assuntos abstratos?

5. Quais são os assuntos e disciplinas intelectuais que mais atraem sua mente?

6. É capaz de compreender mentalmente outras pessoas, seus temperamentos e exigências, ou sente-se levado a julgá-las?

7. Percebe os defeitos das outras pessoas? Que reações experimenta quanto a eles?

8. Como se comporta para com os que têm idéias, ou opiniões diversas das suas?
9. Qual a sua atitude para com tipos emotivos?
10. Você é aberto a idéias novas, livre de preconceitos ou fanatismos?
11. Já teve algum relâmpago de intuição quanto a coisas abstratas, universais, impessoais?

4.ª Lição

A Purificação Emotiva

Os problemas e dificuldades apresentados pelo corpo emotivo são muito diversos dos mentais.

O corpo emotivo, que é subdividido em sete níveis, é composto de uma substância fluida, móvel, impressionável, sensível; é a substância *astral,* que "toma a cor e o movimento de seu ambiente, recebe impressões de todos os desejos fugidios. Entra em contato com todos os caprichos e fantasias de seu ambiente; toda corrente passageira a põe em movimento; todo som a faz vibrar"... (De *Lettere sulla meditazione occulta,* p. 339, de A. A. Bailey.)

Eis a razão pela qual no campo esotérico o símbolo da natureza emotiva é a água, que também é fluida e móvel, tomando a forma e a cor do recipiente que a contém e refletindo a menor luz ou sombra.

Existe, todavia, uma razão oculta para estas particulares características da substância astral, que esconde o verdadeiro objetivo do corpo emotivo. Esta deveria simplesmente "refletir" impressões, energias, que provêm do aspecto Amor da Alma, e "transmitir" destes para objetivos de serviço. Eis por que o corpo emotivo deveria ser sempre calmo, tranqüilo, sereno, límpido como um espelho no qual se refletissem as luzes que vêm do alto e que devem ser retransmitidas e difundidas nos planos da manifestação.

A natureza emotiva da maioria, ao contrário, é agitada, vibrante, movida pelos desejos, pelas emoções, pelas impressões e pelas sensações de todo gênero.

É preciso dizer neste ponto que o corpo emotivo, precisamente por causa de sua extrema sensibilidade e receptividade, é aberto a todos os influxos, diversamente do corpo mental inferior, que (a princípio) é fechado, separador e positivo. O senso do individual, que se forma com a polaridade mental, está ausente no indivíduo emotivamente polarizado; este geralmente tem uma consciência do eu, vaga, flutuante e não raro múltipla, que oscila entre seus vários estados de ânimo e submerge nas agitadas ondas da emoção.

Em seguida, a nível evolutivo mais alto, esta receptividade do corpo emotivo poderá ser muito útil ao aspirante espiritual, permitindo-lhe tornar-se, por meio dela, mais sensível às necessidades e sofrimentos dos outros, sentir e compreender as dores, sentimentos e vibrações dos que nele buscam auxílio e conforto. Saberá dominar e utilizar para o bem a energia emocional, por meio da qual poderá "sentir" a vida psíquica das outras pessoas e nela tomar parte.

De início, porém, não estando o homem ainda purificado e dedicado ao serviço da Alma, nem tendo ainda compreendido sua verdadeira natureza e a verdadeira finalidade da vida, o domínio do corpo emotivo será muito difícil de conseguir. O homem oscilará entre a entrega completa às exigências e necessidades do corpo emotivo, deixando-se guiar e até arrebatar por suas energias, e a repressão e a inibição, que o tornam duro, frio, fechado e mutilado em sua sensibilidade afetiva, que é, no entanto, tão necessária a uma vida harmônica.

Os problemas de natureza emocional são diversos de pessoa para pessoa, de temperamento para temperamento, podendo ser causados tanto por excesso como por carência de emotividade.

Acredito, porém, que será oportuno, antes de começar a falar nos defeitos e nas impurezas que podem ser encontradas no corpo emotivo, assinalar a diferença que existe entre "emoções" e "afetos", do ponto de vista psicológico, pois isto poderá servir para dar melhor compreensão do que diremos a seguir e facilitará a análise do nosso comportamento emocional.

I. A palavra "emoção" (do latim *movere*) significa "movimento interno" e realmente a emoção *move* a substância astral, fazendo-a vibrar e agitar-se. A emoção é, portanto, um estado de sublevação interna, repentino e intenso, quase sempre rápido ou pelo menos pouco duradouro.

Durante a permanência da emoção, quase sempre a mente entra num estado nebuloso no qual não pode pensar, dada a agitação interna, que produz uma espécie de paralisia do pensamento, uma estase do processo intelectivo.

Existem muitas espécies de emoção: agradáveis e desagradáveis.

As agradáveis são, por exemplo, a alegria, o prazer, a emoção estética ou mística, a euforia, o entusiasmo, a exaltação, etc.

Desagradáveis são o medo, o terror, a aversão, a angústia, a depressão, a tristeza, a dor, etc.

A emoção geralmente produz efeitos sobre o físico e se manifesta por meio de sensações diversas, segundo sua natureza.

As emoções agradáveis produzem, não raro, aumento de calor, de vitalidade e de energia, visto que aceleram a circulação do sangue e as batidas do coração.

As emoções desagradáveis, ao contrário, têm efeitos deletérios; provocam o frio, os arrepios e o cansaço; provocam também uma sensação de fechamento na garganta, tiram o apetite e nos tornam incapazes de deglutir, ao passo que o coração afrouxa suas batidas e a vitalidade diminui...

A saúde de uma pessoa emotiva não é boa, está sempre a oscilar entre estados de bem-estar e mal-estar e sofrimento físico; em suma, não alcança um equilíbrio psicológico.

Efetivamente, a emoção é uma característica do corpo emotivo, bem como a dualidade entre pólos opostos, isto é, a "ambivalência".

Geralmente, o surgimento da emoção é determinado por uma impressão imprevista vinda do exterior, que golpeia o corpo emotivo e o põe a vibrar.

Poder-se-ia figurar a emoção como uma flecha que, do exterior, se dirige para o corpo emotivo.

Naturalmente, podem existir outros estados emotivos nascidos por "geração" interna, espontânea; mas permanecem na esfera do corpo emotivo e não chegam ao exterior.

II. O afeto é um sentimento bem diverso da emoção.

É um derramar de energias emotivas para o exterior, no sentido de qualquer coisa ou pessoa; poderia ser representado por uma flecha que, partindo do corpo emotivo, se dirigisse para o exterior.

O afeto tem uma direção, uma finalidade, um objetivo, portanto é radiante, positivo. Ao contrário da emoção (mesmo a mais intensa), que é vaga, imprecisa e fugaz, ele tende à maior estabilidade, à maior duração e a ser mais "delineado".

Além disso, se a mente, durante a permanência da emoção, torna-se paralisada e confusa, o afeto não a embaraça em seu trabalho, podendo até cooperar ou entrar em conflito com ele.

Seja como for, o afeto e o pensamento podem subsistir ao mesmo tempo, em conflito ou em acordo.

Existem muitas espécies de afeto mas, para simplificar, podemos subdividi-las em três grandes categorias, segundo os dois impulsos fundamentais do corpo emotivo: a atração e a repulsão.

Temos, pois, na categoria dos *afetos por atração* toda a gama do Amor, da simpatia, da amizade, da benevolência, da devoção, da admiração, etc., e na categoria dos *afetos por repulsão,* todas as variantes do ódio, da antipatia, da inimizade, da malevolência, do antagonismo, etc.

Recapitulando:

a) com a palavra *emoção* queremos indicar um movimento das energias emotivas, causado por uma impressão externa ou interna, que tende a permanecer na esfera subjetiva e que não possui uma direção e uma finalidade objetiva e que geralmente não dura muito tempo;

b) com a palavra *afeto*, desejamos indicar um derramar de energias para o exterior, para um objeto bem definido, para uma finalidade precisa; uma condição do corpo emotivo que tende a durar e adquirir estabilidade e profundidade.

*
* *

Depois destes esclarecimentos, tão necessários para melhor compreender a natureza e o funcionamento do corpo emotivo, vejamos quais são os problemas, as dificuldades e os defeitos que nele se podem encontrar.

A primeira coisa que devemos fazer, todos nós, é uma autoanálise, a fim de determinar em que grau de desenvolvimento se encontra nossa natureza emocional, pois, como ficou dito no início da presente lição, os problemas e impurezas do corpo emotivo variam de pessoa para pessoa, segundo o grau evolutivo e podem ser causados pela deficiência ou pelo excesso de energias emotivas.

É importante descobrir se o próprio corpo emotivo está ainda informe e embrionário ou se está organizado e vital.

É aconselhável ter presente que o escasso desenvolvimento emotivo pode se encontrar, mesmo em pessoas suficientemente evoluídas, no que se refere aos outros veículos. Pode-se encontrar, por exemplo, um indivíduo cuja mente é bastante desenvolvida e ativa, com um corpo emotivo débil e minguado.

O desenvolvimento do homem não ocorre de modo, por assim dizer, preordenado, segundo um esquema igual para todos; pode ocorrer também aos saltos, sem ordem precisa, pois cada um de nós, ainda que fazendo parte da Vida Una, tem uma individualidade própria, uma liberdade de escolha, que determinam que a evolução dos três corpos da personalidade ocorra de modo absolutamente imprevisível e pessoal.

Não desejo, no entanto, alongar-me agora sobre isto, para não me desviar do assunto.

Nos corpos emotivos de escasso desenvolvimento encontram-se facilmente impurezas *derivadas* de influências de um outro veículo da personalidade, mais desenvolvido.

Predomina geralmente o corpo físico-etérico, quando a natureza emocional é embrionária e tem assim o domínio dos instintos sobre os afetos e as emoções. Não haverá capacidade de "sentir", de "vibrar" emocionalmente, a não ser sob o impulso de uma instância instintiva e não poderão formar-se, naturalmente, estados emotivos de caráter elevado e puro.

A afetividade será escassa; e não serão compreendidos nem sentidos os afetos, positivos ou negativos.

Poderá haver, naturalmente, um certo grau de emotividade, mas não será caracterizada nem organizada e sim oscilante, vaga e mesmo rude ou grosseira.

Vibrantes e vitais só o serão os níveis mais baixos do corpo emotivo; ao passo que os médios e superiores serão ainda quiescentes.

Dissemos a princípio que o corpo emotivo é subdividido em sete níveis.

No homem emocionalmente pouco evoluído, apenas os níveis baixos são vibrantes, pois são a sede das emoções mais rudes, mescla de instinto e materialidade, ainda quase confusas com os níveis mais baixos do corpo etérico.

A obra de purificação, para um indivíduo que tenha ainda um corpo emotivo deficiente e impuro, porque inquinado de influências instintivas, consistirá em procurar *liberar* a parte emocional da corrupção extrínseca, em *discernir* o emotivo e o instintivo, em *desenvolver* mais a sensibilidade emotiva e a afetividade.

No corpo emotivo suficientemente desenvolvido, ao contrário, encontramos impurezas e defeitos *próprios,* devidos talvez ao uso errado, ou à falta de purificação da própria substância emotiva, a qual vibra ainda nos mais baixos níveis, não ainda controlada e canalizada.

Poderemos, assim, dizer que a impureza própria da natureza emotiva do homem é devida principalmente à carência de tranqüilidade, de calma e de controle das energias emocionais as quais, abandonadas a si mesmas, estão em contínua agitação e movimento, oscilando incessantemente de um pólo a outro; reagem violentamente a qualquer estímulo, recebem as impressões de todos os desejos.

Os defeitos e problemas que nascem de tal agitação de ondas emotivas são múltiplos e variados, mas procuraremos apresentar deles uma síntese, enquadrando-os sob algumas designações principais, como as seguintes:

1) Medo

2) Depressão

3) Exaltação

4) Atração

5) Repulsão

1) O *medo,* na realidade, está isolado, pois, como se vê, as demais características realmente são os pólos opostos. Não podemos, todavia, omitir tal "nota" do corpo emotivo, porque é fundamental e comum a todas as naturezas emocionais.

O medo é congênito à substância astral, instintivo, espontâneo e irracional.

Apresenta-se sob mil formas, contudo não tem fisionomia e caráter preciso; é talvez devido à extrema sensibilidade da substância emotiva, que é aberta e receptiva a todas as influências, correntes e estímulos provindos da atmosfera astral da humanidade inteira, o

45

que a torna participante de todas as angústias, dores e temores que existem no mundo.

As dúvidas, as incertezas, as previsões funestas, a ansiedade, o temor do futuro, da doença e da morte são apenas alguns dos aspectos deste medo radicado na natureza emotiva do homem e que o tornam tímido, ansioso, acanhado e incapaz de afrontar as dificuldades da vida e de contemplar serenamente o futuro.

2-3) *Depressão e exaltação,* são, na realidade, dois aspectos de uma só atitude do corpo emotivo, que produz uma contínua oscilação entre a melancolia e o júbilo, própria dos temperamentos emocionalmente polarizados.

Um indivíduo em quem prevalece um corpo não-controlado está particularmente sujeito às características do "fluxo e refluxo" de energia, que ocorrem de maneira cíclica, no decorrer até de um dia ou de poucas horas, fazendo-o passar da alegria, entusiasmo, vitalidade e otimismo a um estado de tristeza profunda, cansaço e pessimismo.

O mais característico é acontecerem tais modificações sem razão nenhuma, sendo o indivíduo presa passiva, ignorando o porquê do que suporta.

Esta oscilação deve-se ao fluxo e refluxo das energias emocionais, que ora inundam o corpo emotivo, vivificando-o e fazendo-o vibrar, ora se retraem, deixando-o vazio, quase sem vida.

4-5) A dualidade *atração-repulsão* é outra das características fundamentais do corpo emotivo e dela provém numerosas outras dualidades do mesmo gênero, a saber: simpatia e antipatia; apego e aversão; amizade e hostilidade; amor e ódio, etc.

Naturalmente, de tais dualidades nascem muitas outras características, qualidades e defeitos, que variam de indivíduo para indivíduo, segundo o grau evolutivo, tais como o ciúme, a inveja, o rancor, o fanatismo, o exclusivismo, a rivalidade, o desejo de vingança, o amor possessivo, os apegos exagerados, os invencíveis antagonismos, etc.

Estas dualidades, que se produzem no corpo emotivo, devem-se à oscilação da energia astral entre dois pólos opostos e a solução deste problema será encontrada só quando houver calma e tranqüilidade no corpo emotivo, quando deixar de haver aquela agitação que provoca os excessos, de um pólo ou de outro, produzindo-se em seu lugar um equilíbrio harmônico e o justo uso da energia emocional.

Na realidade, o plano astral, onde vibra o corpo emotivo, é o plano da duplicidade.

No *Trattato di Magia Bianca*, de A. A. Bailey, dá-se a isto diversos nomes, entre os quais:

1. Plano da dualidade de forças.

2. Plano dos dois caminhos.

3. Plano dos pólos que vibram.

Enquanto o homem for presa de suas energias emocionais e não tiver controle sobre sua natureza emotiva, oscilará sempre entre dois pólos opostos, combatendo entre duas forças que o tornam instável, agitado, incapaz de querer e de decidir.

Eis a dificuldade fundamental que provém do corpo emotivo e que o homem deve vencer, se desejar ascender, liberar-se dos obstáculos que o impedem de entrar em contato com sua Alma.

Porquanto os defeitos que se possam encontrar no veículo emotivo do homem não se originam somente das impurezas que se formam com a baixa vibração da substância astral, mas também com a agitação dessa substância, a qual ocorre quando a mente não consegue dominar a personalidade e a vontade não está desenvolvida.

Poderemos dizer que existem duas categorias de defeitos no corpo emotivo:

a) os que ocorrem do fato de o indivíduo utilizar somente os níveis mais baixos de seu veículo emocional e estar ainda sujeito à influência do corpo etérico (isto é, dos instintos);

b) os que se produzem do fato de o indivíduo ser ainda presa de suas energias emocionais, não as sabendo dominar mas, ao contrário, entregando-se aos seus desejos, o que aumenta a vitalidade e a agitação, abrindo-o a todos os influxos negativos.

Torna-se, portanto, claro que a obra de purificação emotiva é de longa paciência e que passa por várias fases, visto que o indispensável é não apenas liberar as energias emocionais da corrupção dos instintos, mas também acalmar essa energia e desenvolver-lhe as qualidades emotivas superiores, utilizando o discernimento e a vontade, polarizando-os na mente.

Todavia, o modo pelo qual se efetuará este plano de purificação e quais serão as nossas tarefas, no que toca à natureza emotiva, não é coisa que possa ser explicada em poucas palavras. Portanto, dedicaremos a próxima lição a este assunto, por ser ele de fundamental importância, não só para a compreensão das dificuldades que podem ser causadas pelo nosso veículo astral, mas para o conhecimento dos meios pelos quais poderemos requintá-lo e dominá-lo e de qual deverá ser a atitude certa, diante dos vários problemas que se nos defrontam, causados pela exuberância incontrolada das energias emocionais.

5.ª LIÇÃO

Nossas Tarefas para com a Natureza Emotiva

No momento de passar à atuação prática da purificação e do domínio do corpo emotivo, vejamos como o problema torna-se mais particular e individual e como, portanto, não se lhe pode impor regras gerais, fórmulas iguais para todos e sim conselhos diversos, para várias categorias de indivíduos, os quais, na prática, cada um de nós deverá adaptar, com sabedoria e discernimento, ao próprio caso.

Como dissemos na lição precedente, o corpo emotivo é igualmente desenvolvido em todas as pessoas, mas de modo diverso, segundo o temperamento, o grau evolutivo e as experiências que elas atravessaram, etc.

É necessário, portanto, que cada um de nós procure reconhecer qual o grau de desenvolvimento de sua natureza emotiva, antes de pôr mãos à obra de sua reordenação e purificação e antes de procurar ver com clareza se as dificuldades e problemas que encontra são devidos ao escasso desenvolvimento ou à desordem e agitação das energias emocionais.

Além disso, a pessoa deve procurar determinar qual o veículo de sua personalidade é mais desenvolvido (entre o físico-etérico, o emotivo e o mental), para formar um quadro claro de sua situação evolutiva.

As tarefas para com a natureza emotiva, portanto, variam de pessoa para pessoa, mas buscaremos simplificar o trabalho e apresentar um roteiro pelo qual se poderá prosseguir, formulando as várias situações possíveis nas quais se poderiam encontrar os indivíduos, no que toca ao veículo emotivo.

Em síntese, as situações do corpo emotivo podem ser as seguintes:

I. Corpo emotivo quase ausente. Corpo mental não desenvolvido. Polaridade no físico.

II. Corpo emotivo pouco desenvolvido. Corpor mental e etérico desenvolvidos.

III. Corpo emotivo desenvolvido e organizado. Corpo mental escasso.

IV. Corpo emotivo e corpo mental desenvolvidos em igual medida.

Como se pode ver, as situações típicas são quatro. É preciso examiná-las uma por uma, a fim de tentar reconhecer qual dos casos corresponde ao nosso.

A terceira situação — na qual o corpo emotivo está desenvolvido e vital, embora ainda não dominado e purificado — apresenta problemas emocionais verdadeiros e próprios, tais como a exigência de purificação, a necessidade de superar defeitos, ao passo que as demais situações apresentam problemas diversos que serão tratados em seguida. Apresentaremos, pois, uma rápida vista d'olhos sobre as situações I, II, IV, ao passo que da terceira falaremos com maior vagar.

I. *Situação*: (*corpo emotivo quase ausente: polaridade no físico*).

Esta situação é mais comum do que se crê e mais propalada até entre pessoas de evolução média.

A emotividade é escassa, ou antes, quase ausente, visto que o corpo emotivo é embrionário, amorfo e não organizado. Há uma polaridade quanto ao físico e predominam os instintos.

Os indivíduos pertencentes a esta categoria não percebem não ter o corpo emotivo desenvolvido e confundem instintos com emotividade, chamando "afetos" os seus impulsos instintivos.

Na realidade, existem neles apenas uma emotividade e uma afetividade embrionárias, de baixo nível, que se revelam na escassa sensibilidade e nos gostos antes grosseiros, bem como na incapacidade de compreender os afetos mais elevados e profundos, os sombreados mais delicados dos sentimentos, na impossibilidade de "sentir" e "vibrar" para além e para cima das sensações físicas, e de saborear belezas não materiais.

Em outras palavras, não há nessas pessoas aquela riqueza de sentimentos e sensibilidade que é indício de uma certa organização do corpo emotivo.

Tais indivíduos comovem-se apenas ao contato de vibrações muito fortes, de paixões antes grosseiras e têm necessidade de estímulos e sensações físicas para poder vibrar emocionalmente.

II. *Situação: (mente desenvolvida — emotividade escassa — polaridade mental).*

Quando o corpo mental (inferior) é desenvolvido e organizado, enquanto o corpo emotivo ainda permanece embrionário e pouco vital, a conseqüência é a polaridade mental.

Todavia, quando existe esta situação, é preciso perguntar: será escassa a emotividade por falta de desenvolvimento do corpo emotivo, ou por ter sido reprimida e inibida pela preponderância da mente?

As duas possibilidades existem e do exterior não se pode julgar qual delas está presente. Uma análise acurada e paciente, todavia, poderá conseguir descobrir nas pessoas qual a verdadeira causa da escassa emotividade, visto que existem diferenças sensíveis e reveladoras entre os dois casos.

Se a emotividade é deficiente por ser o corpo emotivo realmente pouco desenvolvido e organizado, teremos uma situação semelhante à do n.º 1. Haverá talvez uma preeminência dos instintos e das emoções e sentimentos mais grosseiros e baixos, embora haja desenvolvimento e polaridade mental.

Se, ao contrário, o corpo emotivo for bastante desenvolvido, embora não se manifeste por estar reprimido, teremos todos os sintomas e distúrbios que derivam da inibição, entre os quais:

a) aversão ao sentimentalismo;

b) negação do sentimentalismo;

c) incapacidade de exprimir um sentimento;

d) estados especiais de repulsa e ódio;

e) estados de angústia e depressão, etc.

III. *Situação*: (*corpo emotivo, corpo mental e corpo etérico desenvolvidos em igual medida*).

Esta situação pareceria *ideal* se não apresentasse, ela também, várias dificuldades, visto que não basta estarem os três veículos da personalidade desenvolvidos igualmente, mas devem também funcionar em cooperação harmônica e coordenadamente. Deve haver entre eles a integração necessária para evitar conflitos e cisões entre as várias energias. Ou antes, deve haver uma síntese da personalidade, para que ela possa funcionar como um todo harmônico e coordenado.

A mente livre de impurezas deve estar na direção, a fim de controlar e utilizar todas as energias da personalidade.

IV. *Situação*: (*corpo emotivo desenvolvido e organizado; corpo mental escasso*).

Na lição precedente procuramos descobrir e analisar os maiores defeitos e as principais impurezas que pudemos encontrar no corpo emotivo; agora devemos, ao contrário, determinar qual deve ser nossa atitude perante a natureza emocional e qual será nossa tarefa, nosso trabalho, para superar os vários defeitos, dificuldades e problemas emotivos. Nosso trabalho constará de duas fases principais:

1) uma fase de análise;

2) uma fase de reordenação e purificação.

1. Na fase de análise, deveremos tentar orientar-nos com respeito a três coisas:

a) se somos preeminentemente *emotivos* ou *afetivos*,

(Recordar aqui a diferença entre afeto e emoção, explicada na lição precedente.)

b) qual o grau de desenvolvimento do nosso corpo emotivo;

c) em que medida nossa mente é capaz de controlar a emotividade.

2. Na fase de reordenação e purificação há dois trabalhos a desenvolver:

a) Transformação e sublimação das emoções e afetos negativos e inferiores em emoções e afetos positivos e superiores.

b) Domínio e correta utilização do corpo emotivo.

Examinando o 1.º ponto, (isto é, *se somos preeminentemente emotivos ou afetivos*) dir-se-ia que pode haver num indivíduo uma emotividade exagerada, uma hipersensibilidade do corpo emotivo, sempre comovido e agitado, aberto a todo influxo e a toda vibração; e isto, simultaneamente a uma escassa afetividade. O indivíduo será pouco disposto a externar energias emocionais diante de outras pessoas e pouco inclinado a afeiçoar-se. Não terá sentimentos duradouros e profundos. Portanto, o corpo emotivo, embora em certo grau de desenvolvimento, estará presente apenas como sensibilidade, impressionabilidade, agitação, mas não como capacidade de amar outras pessoas.

Por outro lado, pode dar-se o caso de uma pessoa ter desenvolvido também a afetividade, mas a nível pouco elevado. Haverá então tendência aos afetos negativos, como o ódio, a antipatia, a inveja e o ciúme, além de outros. Esta *afetividade, portanto, será impura* e o corpo emotivo será vibrante apenas nos níveis mais baixos.

Podemos também descobrir que não existem em nós afetos negativos, vibrações baixas, mas que existe um *excesso de afetividade*, ou antes, que não sabemos controlar nossos sentimentos, mesmo os bons e que eles nos dominam. No amor, o apego é excessivo; damos mais importância aos afetos que a qualquer outra coisa; não conseguimos ficar sós, nos preocupamos excessivamente com os que nos são caros; não sabemos renunciar a um afeto pessoal por algo de mais elevado; preferimos a companhia de um amigo, a uma hora de estudo ou de meditação; não sabemos ser objetivos e impessoais, etc.

Eis que analisando a nós mesmos com referência ao primeiro ponto encontraremos pouco a pouco a resposta ao segundo, isto é, qual seria o grau de desenvolvimento do corpo emotivo.

Devemos sempre ter presente ante os olhos da mente qual a verdadeira finalidade do corpo emotivo e qual a meta que devemos atingir. É preciso não olvidar que o corpo emotivo deve tornar-se um "refletor" e "transmitir" energias de Amor da Alma; portanto, a primeira coisa que deve ficar bem clara na nossa mente é a diferença que existe entre *Amor Espiritual* e amor pessoal.

Apego não é amor.

Desejo de posse, de felicidade, não é amor.

Desejo de ser amado não é amor.

O sentimento pessoal e exclusivo que exige reciprocidade não é amor.

O verdadeiro amor é radiação que flui espontaneamente, que dá sem nada pedir, que conforta, protege, aquece e vivifica, *dando liberdade ao outro.*

O verdadeiro amor é sereno e jubiloso, alegre, jamais triste, melancólico ou agitado.

Escreveu Bonaro W. Overstreet em seu livro *La natura della mente*: *"Amar significa afirmar os outros".*

E ainda: "Amar uma pessoa não significa possuí-la, mas afirmá-la, o que significa conceder de bom grado a essa pessoa o direito à sua humanidade" (pp. 102-103.).

Amar, do ponto de vista da Alma, significa, além disso, "compreender", a ponto de conseguir identificar-se com os outros; significa união, inclusividade, síntese, fusão, etc.

O amor da personalidade, ao contrário, é egoísta, possessivo, exclusivo e exige algo em troca, tornando escrava a pessoa amada.

Devemos tentar verificar com toda sinceridade se existe na nossa natureza emotiva, pelo menos em parte, a capacidade de "amar" altruisticamente, de esquecer-se de si mesmo e de identificar-se com o outro.

Poder-se-ia dizer até que poderemos calcular o grau evolutivo do corpo emotivo por meio de uma auto-análise, que determinasse esta capacidade do verdadeiro amor.

Os psicólogos reconhecem na natureza emocional e afetiva do homem uma infância, uma adolescência e uma maturidade, as quais deveriam corresponder à idade física do indivíduo. Todavia, acontece freqüentemente que se diz de um indivíduo que ele amadureceu fisicamente sem o ter feito emocionalmente.

Os sinais da maturidade afetiva são: a capacidade de amar os semelhantes, de protegê-los, auxiliá-los e favorecer sua afirmação.

"Muitas pessoas tornaram-se adultas sem desenvolver uma generosa e espontânea capacidade de amar." (Overstreet, *La natura della mente*, pp. 102-105.)

Esta capacidade de amar e fazer felizes outras pessoas é chamada também *oblatividade* (do latim *oblare*, oferecer). "O advento da oblatividade caracteriza a maturação afetiva." (Juliette Boutonier, *Riflessioni sulla psicanalisi*, p. 60.)

Na infância, ao contrário, existe a atitude *captativa*, (*captare* = tomar), ou o desejo de ser protegido, amado, cuidado, de modo egocêntrico e egoísta.

Há portanto um período evolutivo durante o qual o indivíduo deveria tornar-se afetivamente amadurecido, ou antes, não deveria mais sentir necessidade de proteção e apoio, mas ser autônomo, livre, capaz de oferecer amor aos outros, além de proteção e afeto.

Todavia, como acima ficou dito, não poucos tornam-se adultos sem *amadurecer*, no aspecto afetivo.

Afigura-se-me que há uma analogia entre estas considerações da psicologia corrente e o que preconiza a psicologia espiritual.

Um homem pode ser evoluído em consideração aos outros corpos de sua personalidade, mas imaturo no que se refere ao corpo emotivo e sua imaturidade se revela como incapacidade de sentir o verdadeiro amor altruísta, impessoal e generoso, que é o reflexo da Alma.

"Somente a pessoa que superou a fase da avidez e posse exclusiva, em que se deseja apenas tomar sem dar, pode experimentar o verdadeiro amor:" (Overstreet, *Comprendere la paura in noi e negli altri.*)

Devemos, por isso, reconhecer sinceramente a "idade" de nosso corpo emotivo, pois é essencial não cultivar ilusões, se desejamos realmente prosseguir com nosso aperfeiçoamento e com nossa elevação.

Além disso, tentaremos descobrir se somos capazes de dominar e dar direção às nossas forças emotivas e se nossa mente sabe controlar a natureza emocional e até que ponto, ou se está influenciada e ofuscada por ondas emocionais.

Uma vez definida com clareza nossa situação emocional, devemos passar à segunda fase, de reordenação e purificação do corpo emocional.

Se nosso problema é a excessiva emotividade, nossa tarefa será, antes de tudo, a de tranqüilizar as ondas agitadas do corpo emotivo e de nos tornarmos mais positivos e robustos perante as várias influências e vibrações externas.

Consegue-se tranqüilizar o corpo emotivo por meio de vários exercícios e expedientes, entre os quais:

1) Exercícios de relaxamento.

2) Exercícios de vontade, para reforçar o centro da consciência.

3) Utilização sábia das superabundantes energias emotivas.

4) Desenvolvimento da mente.

Se, ao contrário, trata-se de purificar a afetividade, deveremos:

1) Requintar as vibrações emotivas, eliminando sentimentos negativos.

2) Substituir afetos baixos, tais como a inveja, o ódio, a antipatia, etc., por afetos positivos como a simpatia, a benevolência, o amor, etc.

3) Desenvolver a compreensão para com as outras pessoas, procurando elevar-nos ao amor altruístico.

4) Desenvolver a mente.

Se nosso problema é o da excessiva afetividade, deveremos:

1) habituar-nos ao autocontrole;

2) aprender a amar com "desligamento" (amar em Deus);

3) utilizar de modo construtivo e mais amplo a energia afetiva (em obras de beneficência, educação, etc.);

4) desenvolver a mente e nela polarizar-se;

5) dirigir para o alto as energias emotivas, transmutando-as.

No que se refere à purificação da afetividade e ao domínio dela, é aconselhável ter em mente o significado profundo da *aspiração*.

No *Trattato sui sette raggi* (p. 326, 7, Vol. I), está escrito que: "A aspiração contém o segredo da translação (transferência)."

Quer isto dizer que aquele que se sentir perturbado e entravado por problemas de natureza emotiva e afetiva, de ordem exuberante e indomável, deve procurar adquirir ou suscitar em si "a aspiração ardente" por algo mais elevado e espiritual.

Se tal pessoa substituir o amor pessoal pelos indivíduos pelo fervente amor pela Alma, a ardente aspiração de conseguir contato com ela, produzirá nele, automaticamente, uma transferência de energias emotivas dos planos mais baixos aos mais elevados e uma eliminação das substâncias atômicas mais densas e impuras.

"A aspiração é uma atividade de natureza científica e é instintiva na própria substância."

"A aspiração é um processo científico que governa a própria evolução. Quando se lhe dá um objetivo livre, quando são seguidos seus impulsos, a aspiração pode ser um meio para elevar a matéria e a totalidade da personalidade ao Céu." (*Trattato sui sette raggi,* Vol. I, p. 326, 7.)

Exercício de Relaxamento para tranqüilizar a agitação emotiva:

Exercício: Estenda-se sobre o leito, ou sente-se numa poltrona; tente encontrar a posição mais cômoda possível, que permita um relaxamento completo.

Procure alcançar um relaxamento físico completo, abandonando-se e distendendo todos os músculos *e nervos* tensos.

Respire profunda e regularmente, sem esforço.

Quando lhe parecer que o relaxamento é total, abandone-se e diga a si mesmo:

"Meu corpo emotivo está calmo, sereno, límpido, como um lago azul no qual se espelha o céu." (Ao dizer isto, procure visualizar a superfície lisa e polida de um pequeno lago de montanha, azul e límpido como um espelho.)

"Toda emoção se tranqüiliza, toda preocupação se cala."

"Tudo é silêncio, paz e tranqüilidade."

Repita diversas vezes estas frases, com convição, calma e lentidão, procurando sentir realmente a paz, a serenidade e o silêncio que delas nasce.

Permaneça em silêncio e relaxamento por alguns minutos.

Questionário

1. Qual dos três veículos de sua personalidade parece ser o mais desenvolvido e organizado?
2. Em qual deles parece-lhe estar polarizado? Por quê?

3. Tem problemas emocionais especiais?
4. Crê possuir um corpo emotivo desenvolvido e organizado, ou não?
5. Acredita ser muito afetivo? Por quê?
6. Crê estar emotivamente reprimido? Por quê?
7. É possessivo e ciumento em seus afetos?
8. É muito carente de afeto ou não?
9. Agrada-lhe ajudar, proteger e cuidar de seus semelhantes?
10. Sua mente sabe controlar e dirigir a natureza emocional?
11. Quais seus gostos em matéria de música?
12. Agrada-lhe "sonhar com os olhos abertos"?
13. Prefere estudar, ler, ou conversar com algum amigo?
14. Agrada-lhe a solidão?

6.ª Lição

A Purificação do Corpo Físico-etérico

O veículo físico do homem é composto de uma parte densa e visível e de uma contrapartida energética, invisível, chamada corpo etérico. O aperfeiçoamento de tais veículos implica duas fases às quais podemos chamar:

a) purificação externa,

b) purificação interna,

compreendendo-se pela primeira a purificação do corpo físico denso e pela segunda, a purificação do veículo etérico, que é interno, relativamente ao físico.

Antes de falar nos vários métodos de purificação relativos ao corpo físico em seu todo, é oportuno recordar algumas características do corpo etérico.

Este é composto de energia etérica, que invade todo o universo e tudo que nele existe, desde o infinitamente pequeno ao infinitamente grande.

No corpo do homem, tal energia alcança e compenetra todo espaço, todo órgão, todo nervo, agindo pela força coesiva dos átomos, sem a qual o corpo se desagregaria.

O corpo etérico, portanto, compenetrando o corpo físico, é sua exata contrapartida, mas o excede por alguns centímetros, formando uma espécie de halo, chamado "aura magnética".

Tal "aura" pode aumentar de tamanho e expandir-se nos indivíduos altamente evoluídos.

No corpo etérico existem vários filamentos de energia, que correspondem à rede do sistema nervoso, os quais se chamam "nadis" e se encontram em alguns pontos focais, designados como *centros* de força. Tais centros são muitos, mas os principais são sete.

O corpo etérico é muito importante para o homem, ainda que ele não se dê conta deste fato. Efetivamente, os homens, em sua maioria, não têm consciência da própria existência, visto que, pensando no corpo físico, consideram só sua parte densa e visível, sendo, antes, mais conscientes do corpo emotivo e até do mental que do etérico.

Tal carência de consciência do corpo etérico é causa de não poucas dificuldades e de muita incompreensão.

O corpo etérico tem duas funções, a primeira das quais é aquela que coloca o homem em contato com o plano etérico e com toda a energia etérica que existe no universo, além de dar vitalidade, força e saúde ao corpo físico denso. A segunda é realizar a ponte entre o corpo físico denso e os corpos mais sutis, isto é, o emotivo, o mental e enfim o Causal, o corpo da Alma, através dos centros que assinalamos mais acima.

Afirmamos que os principais centros são sete, dos quais três são situados abaixo do diafragma, três sobre ele e um outro, independente.

Os três inferiores, a começar do mais baixo, são:

1) Centro da base da espinha dorsal (correspondente às glândulas supra-renais: auto-afirmação).

2) Centro sacral (correspondente às gônadas: instinto de procriação).

3) O plexo solar (correspondente ao pâncreas: instinto gregário, emotividade).

Os três superiores são:

1) O centro do Coração (glândula timo: do Amor altruístico).

2) O centro da Garganta (glândula tiróide: Criatividade superior).

3) centro do alto da cabeça (glândula pineal: Vontade espiritual).

O centro independente:

É o centro situado entre as sobrancelhas (glândula pituitária: Integração da personalidade).

Como é manifesto, os três centros debaixo do diafragma correspondem aos três principais instintos do homem, os três centros acima representam a contrapartida sublimada e espiritualizada dos mesmos.

Instinto de auto-afirmação → *Vontade Espiritual*

Instinto sexual → *Criatividade Superior*

Instinto gregário → *Amor altruístico*

Nosso corpo etérico, portanto, é permeado pela energia etérica propriamente dita, além de várias energias que variam segundo a qualidade do grau evolutivo do indivíduo, podendo ser instintivas, mentais ou espirituais.

O grau de pureza do corpo etérico de um indivíduo dependerá da qualidade das energias que nele circulam e mesmo do menor ou maior aperfeiçoamento do corpo denso, pois o físico e o etérico são estreitamente ligados entre si e há entre eles intercâmbio de influências.

Como foi dito no início desta lição, a purificação do veículo físico-etérico é dúplice, visto que consiste numa fase externa e numa fase interna ou psicológica.

1. Vejamos primeiro a purificação externa, que diz respeito ao veículo físico denso.

"O corpo é o templo do Espírito." Esta frase, em sua concisão e brevidade, dá a entender ó motivo pelo qual é importante trazer o

veículo físico a um estado de pureza e refinamento; ele deve tornar-se o canal e o instrumento das energias espirituais.

Na Idade Média, os místicos adotavam uma atitude de desprezo pelo corpo físico e o maltratavam e o submetiam a toda sorte de privações, vendo nele o "receptáculo" de todos os males.

O aspirante espiritual dos tempos modernos, ao contrário, sabe que a matéria e o espírito devem tornar-se Um e que, portanto, também o corpo material tem uma função de notável importância espiritual.

Eis o motivo pelo qual o corpo físico deve ser mantido são, limpo, eficiente, conforme as regras de higiene, limpeza e vida harmônica.

Os iogues orientais dão grande importância às regras de higiene, às abluções cotidianas, às que precedem a meditação, etc., pois conhecem o verdadeiro objetivo do veículo físico.

O corpo deve, portanto, manter-se limpo e deve-se até expô-lo ao sol e ao ar livre.

O alimento deve ser simples e leve e devem ser evitadas todas as comidas em via de decomposição, especialmente carne, peixes, certos queijos, etc.

São aconselháveis, por outro lado, todos os legumes, verduras e frutas, especialmente os que nascem e crescem ao sol e, além deles, todas as sementes, nozes, amêndoas e alfarrobas, etc.

O mel é ótimo e assim também o gérmen de trigo.

Não desejo alongar-me aqui a dar conselhos pormenorizados sobre regime alimentar. É suficiente saber que também o modo de alimentar-se tem grande influência sobre a pureza física e que muito poderemos melhorar, não só no nosso estado de saúde e eficiência física, mas também quanto aos estados psíquicos e nossas tendências, se preferirmos um regime adaptado e apropriado a quem deseja seguir uma vida espiritual.

Não daremos regras precisas nem desejamos impor ditames. Todos devem compreender por si, observando e estudando as próprias reações, quais os alimentos favoráveis à própria evolução e quais os que a empecem.

A ginástica rítmica é também aconselhável, por favorecer uma boa circulação e uma boa respiração.

Todavia, sendo vasto o assunto e muito havendo que dizer, aconselhamos a leitura do livro *Ata Yoga*, de Ramacharaka, e os fascículos do Curso Preparatório da Cultura da Alma, dedicado a esta questão.

2. Trataremos mais longamente da *purificação interna*, ou psicológica do corpo físico, que diz respeito especialmente à sua parte etérica.

Vimos acima que os instintos têm origem no corpo etérico. Efetivamente, são energias localizadas nos três centros inferiores, abaixo do diafragma.

É óbvio, portanto, que a purificação etérica se refira sobretudo aos instintos.

Todavia, esta parte do trabalho de purificação é talvez mais complexa que as outras, visto que nem sempre os impulsos instintivos apresentam-se claros à nossa consciência, por terem sido inibidos, o mais das vezes, além de reprimidos para o subconsciente.

Esta repressão produziu uma imperfeita e parcial transmutação, visto que os instintos nem sempre se nos apresentam sob seu verdadeiro aspecto e sim sob a forma de outras tendências ou características.

O instinto de auto-afirmação, por exemplo, freqüentemente se apresenta como orgulho, ambição, desejo de emergir e não como agressividade, violência, ira. Isto significa que foi transmutado nos defeitos mentais que lhe correspondem.

Todavia, isto nem sempre acontece, nem mesmo para a totalidade das energias instintivas. Há sempre em nós uma parte delas que permanece no estado natural; e ainda que disso não tenhamos consciência, podemos descobrir sua presença por meio da análise e da observação.

Entre os vários métodos de purificação das energias instintivas, recordemos:

a) transformação,

b) sublimação.

a) *A transformação* é o processo pelo qual uma energia pode ser transformada em outra, do mesmo plano, mas de caráter útil e proveitoso.

Vejamos que tal processo ocorre continuamente no campo da física, a exemplo do calor que se transforma em eletricidade e vice-versa. Ou a eletricidade transforma-se em movimento, etc.

O mesmo sucede no campo das energias psíquicas.

Uma energia instintiva pode transformar-se em outro impulso físico, mas diverso, quanto ao seu caráter.

Tomemos como exemplo o impulso da combatividade, que pode ser transformado em impulso agonístico no esporte, nos jogos, etc.

O instinto sexual, que é um claro impulso à procriação, pode servir para todas as atividades de caráter plasmático, construtivo, manual, etc. (p. ex. carpintaria ou arte do pedreiro, etc.).

A ira pode utilmente desafogar-se em todos os trabalhos que exigem esforço, cansaço, movimento físico violento (cavar a terra, bater qualquer coisa, cortar lenha, entalhar, etc.).

Quem sabe quantas vezes eu própria experimentei pessoalmente a verdade desta lei.

b) *A sublimação*, porém, é a transmutação de uma energia inferior em outra, superior. Também deste processo podemos encontrar analogias no campo da química e da física. A sublimação química consiste na passagem de um corpo sólido ao estado gasoso e na sua subseqüente cristalização.

A lei da sublimação é observada também na psicanálise. "A libido original pode transformar-se no inconsciente num interesse, voltado para objetivos de valor social elevado; isto acontece através de mecanismos em parte ainda obscuros." Assim escreve Edward

Weiss, em seu livro *Elementi di Psicanalisi* (p. 56). E ainda: "É desde já fato de domínio universal que a energia dos instintos eróticos e agressivos pode, até certo ponto, e em determinadas condições, encontrar desafogo em atos, ocupações e práticas não sexuais e não destrutivas" (*idem*, p. 56).

Há, todavia, uma diferença fundamental entre as explicações psicanalíticas e as espiritualistas, visto que as primeiras colocam a base e a origem de tudo nos instintos e as segundas no Espírito.

Efetivamente, como poderia a energia instintiva transmudar-se em sentimentos, atividade, impulsos superiores, se não fosse o poderoso "ímã" do Espírito que, do alto, atrai para objetivos e planos elevados?

O fato de poderem os instintos dar lugar a obras sublimes, impulsos altruístas e sentimentos de caráter místico ou religioso, bem como a criações artísticas, não é talvez a prova que neles há qualquer coisa de divino?

A psicologia espiritual de fato afirma que os três instintos principais nada mais são que projeções no plano físico dos três grandes impulsos Divinos da Vontade, do Amor e da Inteligência Criativa.

A Vontade torna-se no plano físico. . . instinto de auto-afirmação.

O Amor espiritual torna-se . . . instinto gregário.

A Atividade inteligente ou Criatividade . . . instinto de procriação.

Eis por que pode ocorrer sublimação, sendo esta, na realidade, um retorno à verdadeira essência, ao verdadeiro fim para o qual foram dadas ao homem energias instintivas.

Esta tarefa de purificação e refinamento torna-se menos árdua e difícil, depois que ficamos sabendo isto.

Vejamos agora como podemos efetuar praticamente a sublimação de nós mesmos.

Para sublimar um instinto, é preciso:

a) inibir sua expressão eterna,

b) uma aspiração ardente para o alto.

Eis que é necessário dominar e inibir a manifestação de uma dada energia instintiva e, ao mesmo tempo, ter em si uma forte aspiração de a sublimar e elevar. Assinalamos na lição precedente a importância oculta da aspiração.

A aspiração é uma verdadeira e própria *técnica*, sem a qual as energias do homem não podem elevar-se para o alto.

Ao aspirar a algo nos abrimos para o alto e ao mesmo tempo oferecemos à Alma nossas energias inferiores, para que ela as utilize.

É inútil pensar na sublimação de um instinto se não temos aspiração fervorosa. Teríamos apenas a inibição, com as conseqüências prejudiciais das quais falamos acima.

A inibição das tendências inferiores a serem transmudadas significa a renúncia do inferior pelo superior, e a aspiração ardente para o alto simboliza "o fogo sob o cadinho" das substâncias a serem sublimadas. Como disse o Dr. Assagioli em seu curso de Psicossíntese, a sublimação, ao cumprir-se, desenrola-se segundo certas linhas, que podem ser as seguintes:

1) Elevação, purificação, refinamento.

2) Interiorização, espiritualização.

3) Ampliação, socialização.

4) Expressão ativa.

Apresentaremos alguns exemplos de cada uma das linhas psíquicas acima mencionadas.

1) Exemplo de elevação: o amor sexual sublima-se em amor emotivo e, enfim, em amor da Alma.

2) Exemplos de interiorização: a auto-afirmação sublima-se em afirmação espiritual; o orgulho em dignidade espiritual; a complacência da beleza física em complacência da beleza interior, a beleza de Deus.

68

3) Exemplos de ampliação: o amor pela família amplia-se em amor pela nação e pela humanidade.

4) Exemplos de expressão ativa: a compaixão que se exprime em obras filantrópicas, as tendências combativas que são utilizadas na luta contra males sociais, etc.

Todos nós, se nos analisarmos, identificaremos a linha de sublimação mais adaptada ao nosso caso, ou, em outras palavras, qual o *ponto de menor resistência*. Isto pode depender de muitos fatores individuais, do raio, do tipo psicológico (extrovertido ou introvertido), das tendências naturais, etc.

Somos diferentes uns dos outros e, portanto, o problema será diverso de indivíduo para indivíduo e cabe a nós mesmos descobrir qual o melhor modo de canalizar, transformar e sublimar as superabundantes energias instintivas.

Pode ocorrer até que muitas pessoas sejam isentas de problemas instintivos urgentes e que, em seu lugar, tenham dificuldades emotivas ou mentais. A sua obra de purificação, portanto, será voltada para os aspectos do caráter que mais necessidade tenham de requinte. Todavia, não nos devemos deixar enganar. Não devemos olvidar que freqüentemente a instância instintiva é inconsciente e pode até estar reprimida, "removida", sem ter sido realmente superada ou transformada.

Voltando ao problema da sublimação, vejamos como pode ser auxiliada e favorecida.

Existem meios externos e meios internos que podem contribuir para este fim.

Entre os meios externos, pode ser útil o contato psíquico e espiritual com pessoas que já realizaram aquilo que nós ainda aspiramos. Tais pessoas agem como "catalisadores psíquicos"; pela simples presença, como os catalisadores químicos, elas podem favorecer a sublimação.

A leitura de autobiografias é igualmente satisfatória, bem como a de diários de homens ilustres e de pensadores que deram exemplo de virtude, de força de ânimo e de idealismo.

O estudo das obras de arte pode oferecer auxílio para a sublimação, visto que, na realidade, a arte deveria ser, como diz o Dr. Assagioli, "um trâmite simbólico de forças espirituais".

Entre os meios internos, recordemos o uso de imagens e símbolos que configuram o ideal de perfeição a ser alcançado. Não falta quem tenha necessidade de colocar diante dos olhos da mente um ideal, seja ele uma figura concreta ou algo de abstrato, que suscite nelas a aspiração de o imitar.

Jung compreendeu bem a importância extraordinária destas imagens simbólicas. Escreveu ele: "A máquina psicológica que transmuta a energia é o símbolo."

Muitas pessoas encontram grande utilidade na repetição de palavras e frases que afirmam aquilo que se deseja obter.

A meditação é de grande eficácia; mas justamente por ser de importância vital, não é possível falar dela brevemente e a elas voltaremos com mais calma, em outra ocasião.

*

* *

Como o leitor pode verificar, a obra de purificação do veículo físico-etérico não é tão simples como poderia parecer, à primeira abordagem, para quem considera seu corpo nada mais que uma forma de substância densa.

É verdade que se o veículo físico-etérico é apenas o invólucro mais externo do verdadeiro "Eu", é também o instrumento que dará à Alma capacidade de manifestar-se no plano físico, o que lhe dá importância extraordinária.

É preciso que nos habituemos a pensar na nossa forma física não só como máquina feita de matéria, mas também como reservatório maravilhoso e instrumento palpitante, vital e delicado, que pode ter os maiores problemas e dificuldades com a própria inércia e peso, com suas necessidades e precisões, mas que pode se tornar maravilhoso canal de energias espirituais, um meio de concretização no plano físico de energias anímicas, se for requintado, unificado e tornado límpido e luminoso em todas as suas partes.

Questionário

1. Que sabe do corpo etérico?
2. Sustenta que seu corpo físico-etérico é suficientemente purificado, ou não?
3. Quais as regras físicas de higiene e purificação que segue?
4. Que significado tem para você pureza física e pureza etérica?
5. Sente-se espontaneamente levado a seguir regime especial, higiênico e puro, ou não?
6. Alterna ritmicamente seus períodos de repouso e atividade?
7. Faz movimentos ao ar livre, ao sol?
8. Qual o instinto que acredita mais forte em você?
9. Tem facilidade para transformar suas energias instintivas?
10. Alcança a sublimação?
11. Acredita que tem inibições ou repressões?
12. Tem consciência de saber qual o centro mais desenvolvido de seu corpo etérico?

7.ª Lição

Qualidades que Devem ser Desenvolvidas

A. *Aceitação*

Como já dissemos em outra ocasião, o que distingue essencialmente o aspirante espiritual do homem comum é o desejo de melhorarse, de elevar-se, por saber, ou intuir, que há um alvo a ser alcançado e que a humanidade está em contínua evolução. Portanto ele, depois de ter purificado os veículos de sua personalidade, passa à segunda fase da obra de formação, que é a construção e desenvolvimento das qualidades e faculdades aptas a criar nele uma vibração mais elevada e a amadurecer sua consciência.

A purificação havia sido uma espécie de obra de *"beneficiamento"*, uma preparação do terreno para a semeadura e cultivo das qualidades, dos requisitos essenciais para um aspirante espiritual.

Não existem fórmulas mágicas nem chaves secretas que possam rapidamente improvisar a maturação e abrir a porta do mundo espiritual. Todos os graus da escala evolutiva devem ser percorridos e estes graus são feitos de superações, vitórias, faculdades duramente conquistadas e maturações interiores...

"Natura non facit saltus", e o homem, portanto, não pode saltar ou evitar uma fase do *"caminho de retorno à casa paterna"*.

Eis a razão pela qual o período evolutivo chamado "caminho do aspirante espiritual" é dedicado à formação do caráter, isto é, à preparação dos veículos pessoais para se tornarem um canal e instrumento das energias do Eu Superior.

Examinaremos, portanto, algumas qualidades (escolhidas entre muitas outras) que nos pareceram fundamentais e essenciais para esta obra de preparação da personalidade.

As qualidades de que trataremos são as seguintes:

1) Aceitação

2) Adaptação

3) Discernimento

4) Uso correto da palavra

5) Ausência de medo

6) Humildade

7) Compreensão

* * *

1) *Aceitação*

"Rejeitar a própria cruz é torná-la mais pesada."

A vida humana, como cada um de nós experimentou em diferentes medidas, é semeada de provas, de dificuldades, de sofrimentos. Todavia, a dor é necessária e inevitável, pois constitui o próprio mecanismo evolutivo.

A vida é apenas uma escola na qual nos submetemos a duras disciplinas, a provas de toda espécie, até que, a pouco e pouco, aprendemos a nos destacar do molde e a reconhecer a divindade que temos latente em nós.

Existem leis justas e imutáveis que têm, todas elas, o alvo de conduzir a humanidade dos graus mais baixos da escala evolutiva até a mais alta espiritualidade e à realização do verdadeiro Eu, que é uma centelha divina.

Tudo isto sabemos, mas de que modo reagimos diante das circunstâncias desagradáveis e dolorosas da vida?

Eis o problema que desejamos examinar, a fim de corretamente entender qual deveria ser a atitude interior certa que deveríamos cultivar, a fim de compreender plenamente o significado de todas as provas que nos vêm ao encontro e delas extrair o verdadeiro ensinamento espiritual.

A atitude correta que deveria ter o aspirante espiritual, conhecendo a Lei evolutiva, é a que foi sinteticamente expressa na palavra "aceitação".

Quem analisar a origem de tal palavra verá que ela deriva do latim *accipio, is, accepi, acceptum, accipere,* que significa acolher, receber, aceitar. Portanto aceitação significa acolher, receber algo que acontece, que nos vem ao encontro. Em outras palavras, significa *aceitar a Vontade de Deus.*

Para nós, humanos, imersos no mundo das formas, decerto não é fácil reconhecer a Vontade de Deus nem perceber seus fins e movimentos.

Bastaria, todavia, estarmos convencidos de que existe um Querer superior, um Propósito divino, um Plano para a humanidade, para que tudo que sucede, seja à pessoa ou à coletividade, nada mais é do que um meio de conduzir à realização desse propósito, desse plano; nada, portanto, acontecendo ao acaso, mas tudo tendo causa e finalidade justa, benéfica e construtiva.

Tivéssemos disto uma certeza profunda e uma convicção interior, e seria fácil adquirir a qualidade da aceitação que, na realidade, é a *colaboração consciente da vontade humana com a Vontade Divina.*

Ao invés, a vontade humana quase sempre é a do eu inferior e está em contraste com a Vontade Divina, expressa pela Alma, ou Eu

Superior, porque nós, imersos no mundo da ilusão, do irreal, criamos para nós finalidades erradas, desejamos coisas que nem sempre estão em harmonia com as leis da evolução, queremos a felicidade terrena, a satisfação pessoal, em vez de nos voltar ao verdadeiro objetivo da vida: a realização do Eu espiritual.

A vontade humana pode perseguir fins egoístas, ambiciosos e de separação.

A vontade de Deus volta-se sempre para fins altruístas, impessoais, amplos e universais.

A Alma humana tem uma finalidade, um propósito que deve alcançar, o qual está em harmonia com a Vontade Superior e desejaria que nós, personalidades, compreendêssemos tal propósito. Todavia, nem sempre sabemos reconhecer a Vontade da Alma, visto que esta não pode se manifestar claramente, diretamente, visto não termos ainda contato firme com o Eu Superior, um alinhamento contínuo e perfeito entre os veículos inferiores e os superiores. Eis, portanto, a Alma constrangida a expressar-se por meio de acenos, de indicações veladas, por entre as circunstâncias da nossa vida e pelas pessoas que encontramos em nosso caminho.

Poderíamos dizer que todo acontecimento é, na realidade, um símbolo da Vontade da Alma. Aceitação, portanto, significa acolher tudo que sucede, toda provação, como uma expressão simbólica e velada da Vontade Superior, a qual é sempre justa e benéfica, embora não o saibamos reconhecer.

Por exemplo: obstinamo-nos freqüentemente, enveredando por um certo caminho, não obstante as dificuldades e repetidas desilusões; ainda assim não nos passa pela mente o pensamento de que talvez o que desejamos não se realize pela Vontade da Alma, que desejaria conduzir-nos a uma meta diversa, ou que provavelmente tenhamos tomado alguma atitude errônea, ou tido qualquer deficiência, que nos impede de prosseguir — sendo as desilusões uma advertência da Alma, que nos quer fazer compreender nossas falhas e erros.

Como escrevia Leon Tolstoi: *"Irritamo-nos contra as circunstâncias, amarguramo-nos e desejaríamos mudar, enquanto que todos os vários acontecimentos da vida nada mais são que uma advertência: de como devemos agir nos diversos estados".*

Esta frase exprime um conceito justo: todo acontecimento tem um significado oculto, toda provação encerra um ensinamento. Devemos compreender que, se algo vai mal, isso significa que não soubemos agir de modo certo, ou antes, do modo que desejaria nossa Alma, para os fins da evolução.

Na aceitação, portanto, está a *obediência* ao Querer Superior, e a *paciência* de saber esperar que tudo se resolva por bem.

Desejaríamos compreender claramente e desde logo o significado dos acontecimentos mas olvidamos que o sucedido num dado momento de nossa vida é apenas um fragmento de um mosaico maior ou fração mínima de tempo, que deve ser inserida no ciclo maior, que abrange uma seqüência infinita de tais frações e que é o tempo Eterno e Infinito.

É preciso, portanto, saber esperar confiantemente e obedecer, não cegamente, mas com aquela medida de consciência e compreensão que nos é dado alcançar.

O perigo a evitar é o de cair num fatalismo cego ou o de tomar uma atitude de supina passividade.

Aceitação não é resignação passiva mas, ao contrário, uma atitude dinâmica, construtiva e ativa.

Alguém já observou que a aceitação está situada no vértice de uma escada, cujos degraus são:

- Suportar
- Resignar-se
- Aceitar

Na verdade, assim é.

Não existe na aceitação a ira impotente nem a surda rebelião interior ou a repressão do ódio de quem é constrangido a suportar a vida. Não há também a passiva e inerte submissão, isenta de luz e de garbo, daquele que se resigna por não entender e porque se sente inerme contra a adversidade.

Há na aceitação a coragem de quem compreende e livremente vai ao encontro da provação.

Esconde-se na aceitação o verdadeiro significado das palavras "abraçar a cruz", não no sentido de fraqueza mas, ao contrário, no do estímulo à atitude serena e sábia daquele que compreendeu e preferiu colaborar com a Lei.

A aceitação é uma qualidade mental que não se pode alcançar enquanto não se tiver compreensão, embora incompleta, do que está atrás da prova e a convicção mental e consciente da perfeita justiça do Plano Divino.

Deus não se diverte a infligir sofrimento. O destino não é força cega e cruel. Existe apenas justiça, amor e inteligência e portanto nada do que se pode compreender pode ser injusto, mau ou absurdo.

Nós é que estamos no escuro e nos obstinamos a não abrir os olhos.

Não é decerto fácil para o homem conquistar a qualidade da aceitação, visto que permeneceu tão longo tempo imerso na ignorância das verdadeiras leis, identificou-se com a personalidade e não teve nenhum vislumbre da luz. Eis por que dizemos que a aceitação é uma qualidade do aspirante espiritual, na medida que se pressupõe que ele tenha passado através de muitas experiências de superação e se tenha convencido das verdades fundamentais da existência de um Plano Divino, de haver, na realidade, uma Alma imortal que é, e que está ainda em evolução e submetida à ação de Leis Superiores, justas e inescrutáveis.

O homem, de início, se rebela, sofre e se amargura ante as dificuldades e aparentes injustiças da vida, sem saber que é inútil lutar.

No *Trattato di Medicina Esoterica,* de A. A. Bailey, a aceitação é descrita do seguinte modo:

"Ela (a aceitação) não é um estado negativo, que propicia o descanso numa vida submissa e inativa; é uma aceitação positiva (no pensamento ou na expressão prática) de condições que são, no momento inevitáveis. Ela ajuda a evitar a perda de tempo, que sempre acontece quando tentamos o impossível, e conduz ao justo esforço adaptado ao que é possível" (p. 92).

Vemos nestas palavras outro aspecto da aceitação: o prático e útil. Ao percebermos a inevitabilidade de dada provação ou experiência de nossa vida, para que perder tempo e energia a lutar e se amargurar? Por que não aceitar o inevitável e, ao mesmo tempo, tentar extrair dele toda possível utilidade, todo ensinamento que pudermos, voltando-nos ao que é possível?

Há uma velha estória de autor desconhecido que diz:

"Perguntaram a um negro velho como conseguia permanecer calmo, malgrado todos os desastres que lhe aconteciam.

"Respondeu o negro: "Aprendi a colaborar com o inevitável."

O mesmo devemos fazer: colaborar com o inevitável, não lhe opor resistência nem rebelião estéril.

Se diante de todas as dificuldades e acontecimentos dolorosos da vida fizéssemos a seguinte pergunta: "Que me pode ensinar este acontecimento? O que há atrás disto? Onde foi que eu errei? No que me enganei?"... e depois: "De que modo me comportarei para transformar esta dificuldade num instrumento benéfico de evolução? Como poderei colaborar com esta lição?" — a pouco e pouco adquiriríamos um senso de paz e serenidade indizíveis, ainda que não conseguíssemos compreender totalmente o significado oculto dos acontecimentos.

Devemos, por conseguinte, nos dispor a adquirir a qualidade da aceitação, a qual nasce do sentimento de entrega consciente às provações da vida, à Vontade da Alma, sem a qual não pode haver o início do despertar espiritual.

O nosso Ego, o verdadeiro Eu não pode começar a se revelar à nossa consciência pessoal, se não nos libertarmos das névoas do desejo, do bem-estar egoísta, das ilusões, do desânimo, da rebelião, e, em suma, de todas as reações que pertencem ao mundo da personalidade, a qual não está ainda purificada e iluminada.

Nossa personalidade deve ser formada e desenvolvida, mas deve depois ser posta a serviço da Alma.

O obstáculo provém justamente do fato de que nos apegamos à personalidade, à medida que esta se forma e se desenvolve e assim nos identificamos com o eu inferior e nos sentimos em perene conflito com o Eu Superior, que na realidade, quer-nos conduzir para o caminho da elevação e do serviço altruísta.

Eis por que devemos realizar uma reviravolta em nós próprios, não considerando mais a personalidade como o "eu", e sim apenas como um instrumento dele. Devemos "render armas" e colocar nossa vontade pessoal ao serviço da Vontade da Alma e só assim poderemos iniciar com plena consciência o caminho da ascenção para Deus e nos chamarmos verdadeiros aspirantes espirituais.

8.ª LIÇÃO

Qualidades que Devem ser Desenvolvidas

B. *Adaptação*

"Higidez na alma e flexibilidade na personalidade."

Sobre todos os planos da manifestação, do mais elevado ao mais baixo, age uma lei muito importante cuja finalidade é ajudar o mecanismo evolutivo: é a Lei da Adaptação. Esta lei tem uma utilidade particular e funções específicas, sobre as quais seria demasiado longo e complicado deter-nos agora. É suficiente saber que ela se serve da energia do Terceiro Aspecto, ou da Atividade Inteligente, e que coopera com o impulso evolutivo, favorecendo o desenvolvimento de qualidades superiores e auxiliando o processo de sublimação. Do ponto de vista psicológico, esta lei dá lugar, no homem, à qualidade de adaptação ou adaptabilidade. Devemos analisar detidamente qual a verdadeira natureza e finalidade desta qualidade fundamental, a fim de compreender plenamente sua utilidade e sua importância para o desenvolvimento humano, em geral, e para a obra de autoformação do aspirante espiritual, em particular.

Os cientistas descobriram a existência desta lei de adaptação, mas ela se refere apenas à matéria física.

Escreveu Lamarch: "A adaptação é um dos mecanismos evolutivos elementares". E Lacomte De Nouy, em seu livro, *L'uomo e il suo destino*, acrescenta: "O ser vivo tende sempre a adaptar-se de modo físico-químico e de modo biológico. É esta uma manifestação de procura de equilíbrio, semelhante à que se observa no mundo inorgânico..." (p. 100). Prossegue mais adiante: "A adaptação perfeita nunca foi uma meta em si... parece, em vez disso, ter sido um meio, pelo qual pôde se desenvolver um enorme número de indivíduos" (p. 106).

A adaptação, por conseguinte, no que se refere ao corpo físico, parece ser uma característica natural e espontânea. Percebemos, realmente, que há no corpo humano um maravilhoso mecanismo de adaptação, o qual serve para preservar o equilíbrio fisiológico e o funcionamento harmônico dos vários órgãos.

Esta qualidade, todavia, não é apenas prerrogativa física. Ela é (ou deveria ser) uma qualidade espontânea também dos outros veículos.

Do ponto de vista espiritual, a adaptação é algo de muito complexo e profundo, aconteça no plano físico ou em qualquer outro.

Por outro lado, antes de se desenvolver no homem a verdadeira adaptação, surgem outras manifestações inferiores a ela. Pode-se dizer, como de qualquer outra qualidade, que a energia espiritual da qual ela deriva se distorce e corrompe, ao manifestar-se nos níveis inferiores e nos indivíduos não ainda purificados e iluminados na Alma. Há, portanto, certo gradualismo na expressão destas qualidades no homem, o qual pode esquematizar-se brevemente, do seguinte modo:

1) Adaptação passiva ou negativa
2) Adaptação falsa, ou pseudo-adaptação
3) Adaptação criativa

1. *A adaptação passiva* é aquela que se encontra, sob forma inconsciente, nos níveis evolutivos mais baixos, nos quais a cons-

ciência do eu, como personalidade, está ainda vaga e informe e o indivíduo, submetido passivamente a influências ambientais. Tal adaptação, no entanto, encontra-se sob forma mais ou menos consciente também ao nível médio da evolução, quando existe polaridade emotiva e quando a vontade e a mente não estão ainda plenamente desenvolvidas.

Se o corpo emotivo prevalece, há uma grande receptividade e uma pronunciada susceptibilidade às sugestões provenientes do ambiente ou das pessoas.

As pessoas muito jovens, por exemplo, nas quais existe quase sempre polaridade emotiva, estão abertas a todas as influências, a todas as sugestões e encontram em si com facilidade a capacidade de adaptar-se de forma passiva e negativa.

Esta adaptação passiva deve ser combatida, visto que pode produzir conseqüências perniciosas, que se estendem sobretudo aos aspectos inferiores e produzem o hábito das condições e situações negativas. Este fato detém o progresso de indivíduo, torna-o inerte, corta-lhe as possibilidades, torna-o sujeito a influências baixas, que prevalecem sempre sobre as mais elevadas, pela presença em nós de impulsos instintivos inconscientes e não superados e produz cristalizações e estase.

Consideremos, por exemplo, os muitos indivíduos que se adaptam à miséria, ao vício, à desonestidade; são semelhantes à cera mole diante das circunstâncias, modelam-se ao ambiente, submetem-se aos influxos da imprensa deteriorada, da propaganda, da opinião pública, dos exemplos negativos... Essas pessoas todas têm uma forma de adaptação negativa que entrava o progresso e que deve absolutamente ser superada, pelo desenvolvimento da vontade, do pensamento autônomo e da autoconsciência.

2. *Pseudo-adaptação.* É preciso estar atento, a fim de não confundir a verdadeira qualidade da adaptação com o seu aspecto inferior e falso, que com freqüência se encontram nos temperamentos não evoluídos do III Raio.

Trata-se aqui de uma forma de adaptação não passiva e sim positiva e voluntária, mas realizada com finalidades egoístas e pessoais.

Nos tipos inferiores do III Raio, a inteligência é posta ao serviço do interesse egoísta e assim forma-se a característica da adaptabilidade, por seu lado corrompido, o qual tem como fim a maior vantagem possível das circunstâncias, das pessoas e do ambiente. É uma forma de astúcia e de desfrute, que induz à falsidade, à hipocrisia e à arte da camuflagem de si mesmo, a qual é tão comum entre embusteiros e ambiciosos.

3. *Adaptação criativa.* Eis a verdadeira adaptação, a verdadeira expressão espiritual desta qualidade, a que auxilia o aspirante espiritual a progredir no caminho evolutivo e que o torna capaz de criar novas qualidades e realizar em si mesmo desenvolvimentos e transmutações de energias.

É esta a adaptação daqueles que *conscientemente* desejam inserir-se no ambiente, lançar pontes entre as pessoas, colaborar com o momento evolutivo que atravessam, abrir-se a novas idéias e aos influxos superiores, ao mesmo tempo que mantém a firmeza interior e princípios fundamentais e eternos.

Para compreender bem este aspecto espiritual da adaptação, devemos saber distinguir entre o que permanece estável e parado e o que, ao contrário, é fluido, elástico e flexível. "Firme como uma rocha, quando se trata de princípios, cede sempre nas coisas que não têm importância" (Krishnamurti, *Ai piedi del Maestro*).

Isto significa que devemos permanecer firmes na parte espiritual e fluidos nas coisas que tocam a personalidade.

Se nos detivermos um momento para pensar no defeito oposto à qualidade da adaptação, compreenderemos melhor a utilidade de ser flexíveis e adaptáveis.

O oposto da adaptação é a rigidez e a cristalização. A pessoa rígida é um ser isolado e fechado, seja quanto ao ambiente ou quanto às outras pessoas. É um indivíduo que não soube libertar-se de seus preconceitos, hábitos e pontos de vista. É alguém que não sabe compreender nem se harmonizar. Na realidade, trata-se de um ser que não vive.[1] Desejaria que os outros se adaptassem a ele e não o contrário — e está sempre em luta com as circunstâncias, com o ambiente e com as pessoas. É profundamente infeliz, pois sente-se perenemente fora do lugar, sendo sempre mal-sucedido, por ser completamente só.

Afortunadamente, a falta absoluta de adaptação é muito rara e só se encontra algumas vezes em indivíduos anormais. Os psiquiatras, efetivamente, julgam a sanidade mental de um indivíduo por sua capacidade de se adaptar ao ambiente e às pessoas.

Todavia, encontra-se freqüentemente uma certa rigidez em intelectuais e pessoas de tipo volitivo.

Vejamos agora os vários modos de explicar a adaptação criativa:

a) *Adaptação criativa em relação às circunstâncias.*

As circunstâncias da vida, os acontecimentos, sejam agradáveis ou dolorosos, são apenas "estímulos evolutivos", experimentos a que somos submetidos, para que se formem em nós as qualidades próprias para afrontá-los.

Adaptar-se às circunstâncias não significa se acomodar supinamente, ou resignar-se passivamente, mas significa, isto sim, "criar em nós os meios, qualidades e dotes necessários e úteis àquele particular evento, àquele particular momento". Este ato criativo só é possível por possuirmos dentro de nós, em estado latente, todas as possibilidades e todas as qualidades. São como sementes que esperam a energia solar para germinar e desenvolver-se. Os acontecimentos representam exatamente a energia que desperta as qualidades latentes.

A adaptação criativa, portanto, é o formar, o construir algo — não do nada — mas com o material que já possuímos e que está oculto nas profundezas do nosso íntimo. O homem não conhece suas próprias possibilidades, que são múltiplas e maravilhosas. Isto não deve parecer absurdo. Existem no mundo centenas e centenas de

---

1. Em contato com o mundo, mas num casulo fechado e selado.

homens que têm sabido transformar as experiências de sua vida em outras tantas qualidades positivas de caráter, tendo sabido também extrair a máxima utilidade evolutiva de situações difíceis, constrangedoras ou dolorosas.

Eis a *verdadeira adaptação,* que exprime a luminosa atividade do Terceiro Aspecto, a qual compõe, decompõe, agrega e desagrega os átomos, a fim de criar novas formas e organizações diversas da matéria, que é sempre a mesma.

b) *Adaptação criativa para com as pessoas.*

Também para com as outras pessoas é preciso realizar esta espécie de adaptação, criando pontos de contato, liames, "pontes", mesmo quando há diversidade de temperamento, de grau evolutivo, de pontos de vista.

É esta a verdadeira adaptação e ela é bastante diversa da atitude de camaleão dos do III Raio. Nasce da plena compreensão dos demais e do amor verdadeiro, que deixa ver os lados bons e a unidade essencial, oculta sob a aparente diversidade e significa saber renunciar ao egoísmo, à auto-afirmação, saber extrair de si novas qualidades, próprias para ir ao encontro das qualidades da outra pessoa; significa saber encontrar a atitude certa, as palavras oportunas e saber penetrar no ânimo do próximo, criando, depois, o encontro das diversidades, com novos estímulos para o progresso, para a ampliação e para a consciência. Ao desenvolver qualidades novas, formam-se na consciência ampliações e sobrevêm modificações reais também na estrutura dos veículos e nos centros de força do corpo etérico. Eis por que disse, no início desta lição, que a adaptação auxilia a evolução do homem.

c) *Adaptação criativa às influências espirituais.*

Existe ainda outra forma de adaptação criativa, voltada para o que é superior, para tudo que é novo e que é fruto do progresso e da evolução.

A personalidade deveria estar sempre alerta, elástica, adaptável às energias da Alma, às indicações que dela provêm. Deveria estar pronta para reconhecer as ocasiões favoráveis ao progresso, que lhe chegam do alto, sem opor resistência e rigidez aos influxos espirituais. Deveria adaptar-se às transformações e saber transmutar os aspectos inferiores, a fim de poder ir ao encontro dos impulsos superiores. Saber adaptar-se às energias anímicas é o segredo da sublimação.

Como observamos acima, é a Alma que deve permanecer sã e firme, ao passo que a personalidade deve ser flexível e elástica.

No *Trattato di Magia Bianca,* de Alice A. Bailey, está escrito:

"Os Grandes Seres procuram nos novos trabalhadores o requisito da flexibilidade que produz a adaptação, incluída entre as leis fundamentais da espécie e tão admiravelmente aplicada pela natureza.

"É de suma importância transferir estas leis ao plano interior e utilizá-las no novo ciclo de trabalho que nos espera.

"A Lei da Adaptabilidade implica o reconhecimento da necessidade do momento atual e da nova forma que entrará em ação com o advento do novo ciclo" (p. 161).

d) *Adaptação criativa no serviço.*

A qualidade da adaptação, além de tudo, é muito útil no serviço, visto ser de real e eficaz auxílio aos outros. Devemos dar aos outros aquilo de que realmente necessitam e não aquilo que acreditamos, lhes será útil.

A fim de realizar isto, é preciso utilizar sábia e inteligentemente uma adaptação que nos permita encontrar o justo método para cada tipo de pessoa e saber usar de elasticidade e flexibilidade e não de rigidez, cristalizando-nos em nossas idéias. A adaptação é o segredo da real educação, a qual não é uma imposição das próprias idéias, mas transformação inteligente dos métodos e dos ensinamentos, segundo os casos e segundo o particular momento evolutivo.

No que nos concerne e no ponto evolutivo em que estamos, o qual, embora não sendo o do homem primitivo, decerto não chegou ainda ao do discípulo ou do iniciado, o que será aconselhável fazer para adquirir esta qualidade fundamental?

Antes de tudo, é preciso tentar compreender se, por temperamento e natureza, somos inclinados à adaptação ou à rigidez, tentando determinar depois, com a máxima sinceridade possível a que forma de adaptação somos mais inclinados: à passiva, à falsa ou à criativa.

Pode dar-se o caso de descobrirmos que somos mais adaptáveis a um veículo que a outro, por exemplo, podemos nos adaptar física e não mentalmente, ou emotivamente e não no físico, e assim por diante.

Esta análise, como é evidente, não será fácil; tomará tempo, pois se não somos adaptáveis por natureza, teremos um certo desprezo inconsciente pela adaptação e não desejaremos reconhecer que provavelmente temos uma forma corrupta de adaptação.

Depois desta acurada auto-análise, tendo tirado conclusões mais ou menos exatas, passaremos à parte construtiva.

Se somos rígidos, devemos tentar desenvolver a elasticidade, auxiliada mentalmente pela compreensão dos acontecimentos e pessoas, pelo desenvolvimento do amor e pela superação da auto-afirmação.

Se somos negativamente adaptáveis, devemos tentar utilizar conscientemente esta tendência, transformando-a de inferior em superior, de passiva em criativa; deveremos superar também a excessiva facilidade de nos sujeitarmos a influências e sugestões, reforçando o centro de autoconsciência, no sentido espiritual, e o sentimento de higidez e firmeza interior na Luz da nossa Alma.

Tudo isto não deverá se afigurar difícil demais ou mesmo impossível, pois, como dissemos acima, nas profundezas de nosso ser jazem latentes as sementes de todas as qualidades e não devemos olvidar que a Alma não é algo de estranho e longínquo mas sim *nosso verdadeiro eu,* embora não tenhamos ainda consciência deste fato. Lembremo-nos também que autoformar-se não significa criar algo a partir do nada e sim apenas fazer aflorar à luz o que está oculto, pois evoluir significa: *tornarmo-nos naquilo que realmente somos.*

9.ª Lição

Qualidades que Devem ser Desenvolvidas

C. *Discernimento*

"Conduz-me do irreal ao Real, das trevas à Luz, da morte à Imortalidade."

Uma das qualidades mais insistentemente mencionadas nos livros espirituais, como requisito essencial para o aspirante é o discernimento. Por que esta insistência? Que significa realmente esta palavra?

É preciso procurar compreender perfeitamente o significado do termo "discernimento", antes de tentar desenvolvê-lo em nós.

A palavra discernimento vem do latim *cernere*, que significa "escolher", selecionar, separar. O sufixo "dis" reforça a idéia de divisão, de escolha. Portanto, discernimento significa separação, discriminação.

Efetivamente, esta palavra serve para indicar a faculdade de escolher, de distinguir, ingênita na mente humana, antes como poder embrionário e latente e, depois, à medida que ele progride e se desenvolve, como uma qualidade sempre mais aguda, completa e profunda.

Pode-se dizer que esta qualidade mental segue o processo evolutivo da mente do indivíduo, visto que se inicia quando no homem surge o primeiro lampejo do senso da dualidade e atinge sua expressão mais alta e plena quando ele desperta totalmente para a consciência espiritual e adquire visão clara daquilo que está atrás da forma.

Efetivamente, o verdadeiro discernimento espiritual é a faculdade da mente de discernir entre o irreal e o Real, entre o que é efêmero e caduco e o que é eterno e imperecível e portanto é a meta e ponto de chegada de um longo caminho com vários graus e etapas.

Antes, porém de atingir esta meta, a faculdade do discernimento em via de desenvolvimento manifesta-se como uma qualidade da mente concreta e é utilizada pelo homem em seu aspecto de "escolha certa", de correta discriminação e faculdade de seleção.

Poderemos, por conseguinte, dizer que existem dois aspectos do discernimento:

- o aspecto mental
- o aspecto espiritual.

O primeiro é uma faculdade da mente concreta e volta-se para o exterior, para a personalidade; o segundo pertence também à mente concreta, recebe o reflexo da luz da Alma, volta-se para o interior, para o mundo das causas e às vezes se eleva até o plano da intuição. O verdadeiro discernimento espiritual, de fato, é, em certo sentido, o aspecto inferior da intuição.

Nossa mente concreta possui muitas qualidades, como, por exemplo, as faculdades de compreender, raciocinar, analisar, sintetizar, etc. O discernimento, porém, é algo de diverso de todas estas faculdades, ou talvez seja o produto sintético do uso de todas elas, o resultado final atingido pela mente, depois de ela ter empregado seus vários processos.

É óbvio que não pode haver discernimento e, portanto, poder de correta e justa escolha quando a mente está ainda vaga, informe e imatura; visto que em tal caso existe o predomínio do corpo emotivo, com todas as suas dificuldades. Os maiores obstáculos ao desenvolvimento do discernimento provêm, efetivamente, do corpo emotivo.

Tais obstáculos são:

a) os grandes apegos

b) o desejo de felicidade

c) as ondulações do corpo emotivo

d) os obscurecimentos emotivos (ou *glamours*).

O apego excessivo a pessoas ou coisas ofuscam a liquidez da mente e a impedem de escolher de modo sábio e de discernir o caminho certo. Assim, mesmo o desejo egoísta de felicidade não se deixa ver de modo objetivo e claro e pode impelir para o caminho errado, impedindo o discernimento entre o bem e o mal.

As ondulações do corpo emotivo entre os dois pólos opostos constituem o obstáculo mais comum e mais grave. O homem, quando polarizado nas emoções, oscila continuamente entre pares de opostos (prazer e dor, amor e ódio, euforia e desânimo, etc.) e está continuamente em conflito, sem saber encontrar uma solução para seu problema. A mente, mesmo a pouco desenvolvida, é influenciada por estas oscilações e suas faculdades são anuladas pelas perturbações e agitações das ondas emocionais.

Os obscurecimentos emotivos (ou *glamours*) são um obstáculo mais insidioso, por jazerem profundamente ocultos no inconsciente e por camuflarem-se sob o aspecto de qualidades ou tendências positivas; o indivíduo é totalmente impotente contra elas até que sua mente se torne de tal modo poderosa e iluminada que possa ter capacidade de dispersar as névoas emocionais.

Todos estes obstáculos ao discernimento, que provêm do corpo emotivo, podem ser superados aos poucos pelo desenvolvimento da mente e pelo uso constante de seu poder de domínio sobre as emoções.

Existem, pois, obstáculos ingênitos à própria mente, como os defeitos mentais do tipo do orgulho, da presunção, da preguiça, do fanatismo, etc. Tais falhas entravam a faculdade de correta e justa escolha da mente (ou antes, o discernimento) e não a deixam operar livremente, em todas as direções. Podem, às vezes, sufocá-lo completamente e outras vezes, parcialmente apenas, segundo o campo ao qual são dirigidas. Um indivíduo pode até ter discernimento parcial e não completo, se sua mente for desenvolvida mas não ainda totalmente purificada.

À medida que o homem libera a mente de seus defeitos, aumenta sua faculdade de discernimento, ampliando-se e tornando-se mais completa e mais profunda.

Como dissemos no início, existem vários graus de discernimento, segundo o nível evolutivo do homem e segundo o uso que o homem dele faz.

Eis alguns exemplos de vários graus de discernimento:

para o homem pouco evoluído:

a) entre o bem e o mal

b) entre o justo e o injusto

c) entre o útil e o prejudicial.

para o homem comum:

a) entre o bem e o bem maior

b) entre o justo e o mais justo

c) entre o útil e o mais útil;

para o homem ideal:

a) entre o bem para si e o bem para os outros

b) entre o justo para si e o justo para outros

c) entre o útil para si e o útil para os outros;

para o aspirante espiritual:

a)   entre o bem individual e o bem do grupo

b)   entre o justo individual e o justo para o grupo

c)   entre o útil e o mais útil.

A propósito, no *Trattato di Magia Bianca,* de A. A. Bailey, está escrito: "O ser humano, à medida que progride, percebe que deve se defrontar com distinções cada vez mais sutis. A discriminação grosseira entre o que é justo e o que não o é ocupa a consciência ainda infantil e é seguida de discriminações mais sutis entre o justo e o mais justo, o elevado e o mais elevado; e os valores espirituais passam a ser graduados com a mais meticulosa percepção espiritual..." (p. 84).

É manifesto, pois, que a qualidade do discernimento se requinta e se eleva cada vez mais e que a pesssoa que a possui aprende a percorrer o "caminho sutil como o fio da navalha", o qual leva ao equilíbrio perfeito entre os pares de opostos.

O discernimento, por conseguinte, ao voltar-se para o mundo interno e subjetivo, permite ao aspirante fazer outras distinções, como, por exemplo:

a)   entre o que é emotivo e o que é mental

b)   entre o pessoal e o anímico

c)   entre o fruto da ilusão e o fruto da intuição.

O aspirante pratica no seu íntimo uma espécie de *escolha* contínua, paciente e acurada, que pouco a pouco o conduz a "distinguir a ilusão do centro da realidade, o real do irreal, o Eu do não Eu" (*Magia Bianca,* p. 96).

O aspirante espiritual confronta-se, pois, vezes sem conta, com o problema da escolha e da sábia distinção e só o discernimento pode auxiliá-lo a encontrar uma solução justa e correta.

Também no campo dos conhecimentos espirituais, é sumamente necessário utilizar o discernimento, a fim de selecionar o que é verdadeiro e útil, entre diversas alternativas nem sempre verdadeiras ou essenciais. O discernimento defende-nos da fanática e cega aceitação de ensinamentos, palavras e escritos, com os quais entramos constantemente em contato, proporcionando-nos a faculdade de discernir qual o filão de ouro puro entre coisas ilusórias e enganosas, ao mesmo tempo que nos oferece a capacidade de descobrir a Verdade por trás das superestruturas e de todas as superstições.

Isto certamente não é fácil, visto que, de modo geral, nada nos leva a repelir ou aceitar uma doutrina com entusiasmo cego. O discernimento, por outro lado, nos ensina a tudo examinar à luz da razão, sem nos deixar sugestionar por palavras ou escritos de outras pessoas nem influenciar por juízos, idéias preconcebidas e diversidades de opinião. Por meio do discernimento, conseguimos realizar uma escolha sábia, preferindo o que nos parece verdadeiro e justo e que responde plenamente às exigências da consciência e da mente.

Helena P. Blavatsky, na *Dottrina Segreta*, (Vol. III, p. 401, ed. inglesa), escreve:

"Disse o Senhor Buda que não devemos crer em uma coisa só porque alguém a disse; nem em todas as tradições, simplesmente porque remontam à antigüidade; nem nos boatos, como tais; nem no que escreveram os sábios, só porque foram eles os autores... nem na simples autoridade de nossos instrutores e mestres. Devemos crer apenas quando escritos, doutrinas ou ditos vêm corroborados pela nossa razão e pela nossa consciência."

A faculdade do discernimento, além disso, é indispensável para o aspirante quando este começa a escrever. Defronta-se com o problema da escolha do caminho do serviço que seguirá, do método que usará, do momento oportuno para a ação... Todos estes problemas são inerentes ao serviço e podem ser resolvidos apenas com o uso do discernimento. Não pode haver verdadeiro serviço sem discernimento. No livro *Lettere sulla meditazione occulta*, Alice A. Bailey esclareceu (p. 345) a atitude de quem usa o discernimento no serviço; leiamos o trecho:

"Serve com discernimento aquele que sabiamente se dá conta do próprio lugar, seja este grande ou pequeno, no esquema geral; aquele que sabe calcular sabiamente sua capacidade mental e intelectual, seu calibre emocional e seus dotes físicos e que pode, com a soma total de tudo isto, dedicar-se a cumprir sua tarefa.

"Serve com discernimento aquele que julga com auxílio de seu Eu Superior e do Mestre, seja qual for o alcance, o problema a resolver — sem ser guiado por sugestões, pedidos ou exigências, bem intencionadas mas freqüentemente erradas, de seus companheiros.

"Serve com discernimento aquele que tem o senso do tempo na ação... e que sabiamente adapta sua capacidade ao tempo à sua disposição." [A. A. Bailey: *Lettere sulla meditazione occulta* (p. 345)].

No serviço, portanto, a faculdade do discernimento é fundamental, visto que sem ela corremos o risco de fazer mais mal que bem, de desperdiçar inutilmente nossas energias e de cometer erros mais ou menos graves.

Decerto não é fácil alcançar a plena expressão desta faculdade e poder-se-ia perguntar quais os meios para lhe facilitar o desenvolvimento.

Existe um só meio: desenvolver a mente e utilizar sua faculdade de justa escolha.

Como dissemos no início desta lição, sabe-se que se a mente não é desenvolvida, o homem não pode ter discernimento, visto que este é qualidade essencialmente mental e racional que aos poucos se forma e aumenta cada vez mais pelo próprio uso correto da mente.

Poderíamos dizer que o discernimento se desenvolve pelo uso do próprio discernimento. Eis uma frase que não expressa um paradoxo e sim uma verdade, visto que talvez não exista no homem outra qualidade com esta singular característica de se desenvolver, de aumentar, de aperfeiçoar-se, por meio do simples uso de si mesma, pois (como ficou dito) ela identifica-se, por assim dizer, com a própria qualidade do pensar — o que é um modo de agir natural e espontâneo da mente, até quando ela é imatura.

O poder de escolher, de fazer distinções, de selecionar, nasce na mente humana juntamente com o poder de raciocinar, crescendo e elevando-se ao mesmo tempo que a própria mente.

Portanto, quando a faculdade mental do discernimento é utilizada, como dissemos, voltada para o mundo subjetivo, a pouco e pouco ensina a fazer distinções, mesmo no plano interior. Começamos a sentir que nosso "eu" é algo de diverso dos seus invólucros, que ele é uma Realidade permanente e imutável, entre as mutações e modificações de nosso psiquismo. Aprendemos a compreender quais são os valores essenciais e eternos e nos habituamos a divisar a essência por trás da forma. Assim torna-se o discernimento uma espécie de sexto sentido, uma faculdade de sensibilidade interna que nos faz descobrir o lado Divino que há em nós e em todas as coisas, além de nos dar a capacidade de distinguir o essencial do não essencial, o verdadeiro do falso, o querer da Alma do querer da personalidade, guiando-nos com iluminada sabedoria ao longo do difícil Caminho da evolução que nos dirige para Deus.

10.ª Lição

Qualidades que Devem ser Desenvolvidas

D. *O correto uso da palavra*

> "Só quando o número das palavras normalmente pronunciadas for reduzido é que aprenderemos a prática do silêncio e será possível à "palavra" exercitar seu poder no plano físico."
>
> (Do *Trattato di Magia Bianca*, de A. A. Bailey, p. 165.)

Existem dois aspectos do uso correto da palavra: o esotérico e o moral. O primeiro refere-se às vibrações postas em movimento pelo som e o segundo, à finalidade e ao significado que nos interessa.

Assinalaremos brevemente o aspecto esotérico da palavra, embora em nosso grau evolutivo muito pouco possamos conhecer e compreender do poder oculto do som.

Do ponto de vista físico, sabemos que a cada som corresponde uma vibração e também que a ciência utiliza hoje tais vibrações sonoras para múltiplos fins. Sabemos também que nosso ouvido físico, não pode perceber senão uma limitada gama de sons e que existem na natureza também "ultra-sons", ou antes, vibrações sonoras que não ouvimos mas cuja existência foi constatada por aparelhos especiais.

Afirmam as ciências espirituais que tais vibrações não produzem apenas efeitos físicos mas também efeitos em planos mais sutis. O som pode pôr em movimento energias poderosas, criar formas-pensamento, e talvez seja este o significado oculto das palavras iniciais do Evangelho:

"No princípio era o Verbo e o Verbo era com Deus e o Verbo era Deus."

E depois: o "Verbo se fez carne", manifestando-se no plano físico por Vontade de Deus.

Eis o segredo da Criação.

Também o homem, à medida que desenvolve sua consciência, torna-se cada vez mais capaz de empregar criativamente a palavra e torná-la um veículo de energia. A princípio discípulo e depois iniciado, ele aprende a utilizar as palavras do poder, as "palavras sagradas", os *mantras,* a fim de construir formas-pensamento com o som.

Mas, como já disse antes, tudo isto, para nós, é prematuro.

O que mais de perto nos toca é o aspecto moral da palavra, o uso que dela fazemos na vida cotidiana e os efeitos deste uso.

Antes de tudo, devemos fazer a seguinte pergunta: "Qual o verdadeiro significado da palavra? Qual deveria ser seu verdadeiro fim?

A palavra, na realidade, é um símbolo, visto que encerra uma idéia correspondente a alguma coisa, seja um objeto material, seja um sentimento, um pensamento ou uma coisa abstrata.

A palavra representa, portanto, o esforço humano no sentido de se expressar para o exterior, de se comunicar com os outros. Eis, no fundo, a própria essência do homem.

A palavra é, ou deveria ser, um veículo de energia e um meio pelo qual o homem conduz sua energia ao plano físico.

Todavia, nas pessoas pouco evoluídas ou nas que não sabem pensar claramente, a palavra não é, na realidade, veículo de energia, visto que tais pessoas têm uma idéia apenas vaga e imprecisa do verdadeiro significado das palavras que pronunciam. Não falta, efetivamente, quem fale mecanicamente, superficialmente, sem pensar no que diz e não usando as palavras como "símbolos de idéias".

Na verdade, não é fácil saber expressar realmente energias e idéias, por meio da palavra. Raramente nos damos conta da dificuldade que existe na manifestação exata e precisa do nosso pensamento. Pode-se dizer que ele constitui um esforço contínuo e um estudo incessante.

Talvez Krishnamurti, em seu livro *Ai piedi del Maestro*, quisesse significar precisamente isto quando disse: "Vossas palavras são verídicas." Provavelmente quis dizer: vossas palavras são a correspondência exata do que sois interiormente.

Até que o homem tenha condições de tornar a palavra verdadeiro veículo de energia e meio de manifestação de seu mundo interno, nada mais fará que alterar, em vez de esclarecer, cada vez mais, seu pensamento ao falar; e isto porque em muitos casos o silêncio é mais eficaz e "significativo" que a palavra.

É preciso, no entanto, utilizar continuamente a palavra. A vida coloca-nos continuamente na necessidade de falar e de expressar-nos. De que modo poderemos utilizar melhor a palavra? Como, definitivamente, se chega ao "uso correto da palavra"?

Antes de responder a estas perguntas, recordemos que as qualidades que examinamos estão sendo consideradas do ponto de vista do aspirante espiritual e não do homem comum, ou antes, do ponto de vista da pessoa que procura colaborar com a evolução, que busca superar a personalidade e que aspira com todas as suas forças à manifestação de seu mais elevado Eu.

Entendido isto, vejamos como se pode conseguir o uso correto da palavra. Mas antes de tudo o mais, é preciso conseguir *inocuidade no falar*. Que significa isto?

Outras vezes que assinalamos a inocuidade, verificamos que esta qualidade não significa apenas não fazer o mal mas também fazer o bem. Por conseguinte, no que toca a palavra, deveremos não prejudicar quando falamos e, ao mesmo tempo, cuidar para que nossas palavras façam o bem.

Tudo isto, à primeira vista, pode parecer muito simples. Na realidade, esta frase tão breve oculta todo um programa de autodomínio, de purificação e de autoformação.

É possível prejudicar outras pessoas por meio de palavras e isto de um sem número de modos disfarçados, embora, com a maior boa fé, não tenhamos consciência de grosseria, malvadeza ou crueldade. Pode-se, muitas vezes, fazer o mal simplesmente por meio de uma palavra inoportuna, ou leviana, que diz coisas que não deveriam ser ditas.

Podemos prejudicar por meio da crítica, da bisbilhotice e da mentira...

Podemos prejudicar usando a palavra com fins egoístas, exprimindo inveja, ódio, alterando a verdade, para induzir em erro e para alcançar fins ilícitos.

O mal pode ser feito pela expressão de sentimentos negativos, tais como o medo, o pessimismo, a tristeza, a angústia, a desconfiança, a ansiedade e a dúvida.

Pode-se prejudicar, exprimindo sentimentos e pensamentos destrutivos, deprimentes e negativos...

Todas as nossas palavras, mesmo as ditas com superficialidade, produzem seu efeito, exterior ou interior. No exterior, quando são ouvidas por outras pessoas, produzindo conseqüências entre elas; no interior, colocando em movimento energias sutis e criando vibrações que se reúnem a vibrações semelhantes.

Eis o motivo pelo qual a *primeira regra* para o correto uso da palavra poderia ser redigida do seguinte modo: *Refletir antes de falar.*

Para conseguir isto é preciso adquirir controle permanente sobre nós mesmos, no que se refere ao uso da palavra, além de aprender a pensar no que dizemos e nas conseqüências que se podem produzir.

A *segunda regra* é: *Aprender o valor do silêncio.*

Na maioria dos casos, melhor é calar que pronunciar palavras inúteis ou das quais não estamos seguros. Nosso silêncio, porém, deve ser positivo, irradiante, vital e nunca o da inércia e da vacuidade.

Neste ponto é preciso abrir um breve parêntese, a fim de exortar o leitor à auto-análise, para descobrir se está sendo levado a falar demasiado ou muito pouco. Ambos os excessos são nocivos. Vejamos suas causas:

a) pobreza da vida interior;

b) falta de autodomínio;

c) excesso de energia.

A pessoa cuja vida interior é pobre sofrerá de vácuo interior, de inatividade e imaturidade de pensamento; viverá quase completamente na superfície e procurará por meio de palavras (que geralmente são inúteis, ociosas e vãs) preencher o vazio de sua mente.

Pessoas deste tipo repelem o silêncio, que para elas assemelha-se ao sono ou à morte, repelem, naturalmente, a solidão e a reflexão, que para elas significam o nada.

Há outras que, ao contrário, falam demais por serem impulsivas, emotivas e carentes de autodomínio.

Todo sentimento, toda emoção, todo pensamento que lhes atravessa o ânimo precisa ser imediatamente revelado para os outros, pois falta-lhes autodomínio, reflexão e sabedoria.

São, naturalmente, eminentemente extrovertidas e a vida de seu pensamento não é profunda.

Há também o caso daqueles que desafogam com palavras o excesso de energia, seja física, emotiva ou mental. São pessoas preguiçosas e tamásicas fisicamente, que encontram no falar e discorrer com animação e longamente uma válvula de segurança para a pressão interna das energias psíquicas que, de outro modo, formariam uma obstrução, ou congestão, de conseqüências desagradáveis e prejudiciais.

Recapitulando, diríamos que o falar muito deve-se a uma das causas acima examinadas e, na auto-análise, devemos procurar descobrir qual o nosso caso.

O falar pouco, ao contrário, pode ser devido às seguintes causas:

a) pouco desenvolvimento mental e polaridade emotiva;

b) excessiva introversão;

c) incapacidade de exprimir os próprios pensamentos.

Quando uma pessoa carece de desenvolvimento mental e não sabe formular clara e ordenadamente seus pensamentos, pode encontrar dificuldade em falar e expressar-se. Se, além disto, está emotivamente polarizada, vive num mundo vago e nebuloso, imersa numa névoa de sensações e impressões emotivas, não sentirá grande necessidade de falar, visto que, em certo sentido, não tem necessidade disto, pois comunica-se com outros por meio do plexo solar.

Há também o caso da introversão excessiva, que conduz a uma espécie de isolamento egoísta do mundo externo e a um interesse pelo mundo psíquico subjetivo, muito superior ao que se volta para o mundo externo. Os introvertidos não sentem necessidade de falar ou de se comunicar com os outros no plano físico; para eles é muito mais importante e real o mundo interior.

Além disso, existe uma real incapacidade de expressão por meio de palavras e uma espécie de barreira ou obstáculo entre eles e o mundo externo, a qual os impede de formular os próprios pensamentos e as próprias sensações de forma verbal.

Às vezes a introversão pode ser causada pela timidez ou por um desenvolvimento maior do lado intuitivo, em relação ao mental.

Aqui vão apenas breves traços, que têm apenas a finalidade de dar começo à auto-análise e que depois devem ser completados e aprofundados pelas pessoas, por sua própria conta.

O que, acima de tudo, é importante, é descobrir qual o uso que fazemos da palavra e qual o nosso ponto fraco, ou aquele que constitui o fulcro do nosso problema.

Não é fácil usar corretamente a palavra: constitui verdadeira conquista que implica maturidade e sabedoria.

Conforme escrevemos acima, é preciso sempre refletir antes de falar e adquirir, portanto, autocontrole incessante, uma "presença" contínua, além de grande sensibilidade. Há casos em que é preciso calar e outros em que é oportuno falar — e tudo isto segundo a pessoa com quem tratamos no momento.

Quem decide falar, todavia, deve cuidar para que sua palavra seja utilizada para o bem, e que seja sobretudo construtiva. Os pessimistas, os críticos, os que expressam dúvidas, os que censuram e julgam, os timoratos — embora digam coisas que correspondem à verdade — não sabem o mal que podem suscitar com suas palavras, visto que, com sua destrutividade põem em movimento energias negativas que se unem a outras similares, redobrando o mal. Eis uma verdadeira lei oculta: não se deve afirmar a negatividade, embora exista, e sim *afirmar sempre o que é bom*.

Sobre esta lei oculta do poder mágico da palavra baseiam-se muitas escolas espirituais que têm por finalidade auxiliar os outros, tais como o Movimento da "Unity", a Christian Science, etc.

Além disso, precisamos ter sempre presente que palavra é energia e que utilizar a palavra é *utilizar energia*. Não devemos, portanto, desperdiçar tal energia inutilmente. Às vezes acontece que, depois de um dia em que falamos durante muito tempo, nos sentimos esvaziados, desvitalizados, exaustos e depois de um dia de silêncio é o contrário, nos sentimos retemperados e revigorados. Eis um fato real e não uma ilusão.

Quanto mais se progride na vida interior menos se fala, pois então sentimos não só a responsabilidade do que dizemos como a importância e o valor do silêncio.

No *Trattato de Magia Bianca,* de Alice Bailey, está escrito:

"É tempo de compreender toda a importância de refletir antes de falar, recordando o preceito que diz: Antes de ser digno de falar, deve-se atingir a Consciência." (p. 166).

O homem comum fala sem refletir e não pensa nem remotamente no bem e no mal que pode fazer com suas palavras. Mas aquele que começou a despertar para a consciência espiritual, e que se iniciou no caminho para a Luz não pode continuar ignorando a importância da palavra e precisa começar a vigiar toda conversa e toda expressão que lhe sai da boca.

Do *Trattato di Magia Bianca,* citamos ainda:

"As palavras são de três gêneros: 1) as ociosas, das quais cada uma produzirá seu efeito; 2) as amoráveis e boas, nas quais não temos necessidade de nos deter; 3) as que não são boas nem amoráveis, pelas quais pagaremos em breve prazo. São estas as palavras de egoísmo, pronunciadas com forte intenção, as quais constituem uma parede de separação. É preciso muito tempo para abater tais paredes, para libertar e dissipar os propósitos egoístas acumulados.

"Examina teus motivos e pronuncia apenas as palavras que harmonizarão tua pequena vida com o grande propósito da Vontade de Deus. As palavras de ódio e as cruéis, que levam a ruína àqueles que não resistem à maléfica influência, as maledicentes e venenosas, referidas apenas pelo interesse que despertam ... Todas estas palavras matam os vacilantes impulsos da Alma, cortam as raízes da vida e portanto produzem a morte ... O pensamento ocioso, egoísta, cruel e odiento, expresso em palavras, constrói uma prisão, envenena as nascentes da vida, conduz à doença, causa desastre e retarda a libertação.

"Sê, portanto, sincero, amorável e bom, quando o podes ser. Mantém o mais que puderes o silêncio e a Luz entrará em ti" (p. 541).

Estes conselhos, por simples que possam parecer, escondem todo um programa de trabalho, de purificação e de autoformação. É preciso que o aspirante aprenda a pensar, a refletir intensamente, antes de falar e que adquira as qualidades fundamentais da sinceridade, da simpatia, da inocuidade, a fim de poder sábia e justamente utilizar a palavra.

Deve compreender, além disso, o valor oculto do silêncio e saber utilizá-lo; para este fim é que a vida muito freqüentemente o força à solidão, à falta de afeto e de amizades... Recordemos sempre que "nada acontece por acaso" e que tudo tem uma finalidade e um significado, sobretudo quando se inicia a vida espiritual. A Alma intervém então ativamente na nossa vida e nos dirige e nos adestra, por meio de experiências, provações, dificuldades e problemas que devemos superar.

O mesmo acontece com esta qualidade do uso correto da palavra, será a Alma que nos dará indicações sobre o caminho a seguir, mas seremos nós que deveremos interpretar seus avisos e sinais.

Se, por exemplo, nos pedirem para falar, se nos colocarem numa situação em que precisaremos usar da palavra, a fim de ensinar, ou de difundir a verdade, deveremos tratar de obedecer a este pedido do melhor modo possível, apelando para a nossa Alma e procurando tornar nossa palavra cada vez mais um veículo de energias superiores.

Terminaremos esta breve e incompleta lição com algumas frases extraídas do *Trattato di Magia Bianca* e que indicam com clareza luminosa qual deveria ser o tema fundamental do uso da palavra:

"Não falar do pequeno eu. Não lamentar teu fado. Os pensamentos voltados para o eu e para seu destino inferior impedem a voz da Alma de ressoar ao seu ouvido. Fala da Alma, do Plano Divino; esqueça-se a si mesmo, enquanto constrói para seus irmãos. Só assim poderá a Lei do Amor se estabelecer no mundo" (p. 541).

11.ª LIÇÃO

Qualidades que Devem ser Desenvolvidas

E. *Ausência do medo*

> "Guarda-te do temor que se estende, como as asas caladas e negras do morcego noturno, entre a claridade lunar da tua alma e a grande meta que se ergue indistinta na distância remota. O temor, ó discípulo, assassina a vontade e paralisa a ação".
>
> (*A Voz do Silêncio*)

Um dos obstáculos mais comuns e mais insidiosos que o homem encontra em seu caminho evolutivo é o medo. Ninguém está absolutamente isento desta emoção, que nem sempre se manifesta abertamente, mas se oculta sob outros aspectos, se transmuta em outras características e se insinua nas nossas tendências, comportamento e ações.

O medo é talvez o mal mais difuso da humanidade, talvez, como está escrito no *Trattato di Magia Bianca*, por "...ser um mal inerente à própria matéria" (p. 337).

Não podemos, todavia, progredir verdadeiramente nem dedicar nossas energias à obra de autoformação, que nos levará de degrau em degrau cada vez mais para perto da Luz, se não nos libertarmos deste obstáculo.

Está escrito em todos os livros espirituais que o discípulo deve alcançar a total "ausência de medo" antes de pôr o pé no Caminho, visto que deve estar calmo, corajoso, confiante e seguro de si, para afrontar todos os perigos, crises e insídias de que a vida espiritual está repleta.

A divisa do ocultista é "Querer, conhecer, *ousar* e calar". Devemos, portanto, saber também "ousar", saber afrontar corajosamente as dificuldades e não hesitar diante de nenhum obstáculo que se anteponha entre nós e a meta.

A completa ausência de medo significa completa posse de si mesmo e absoluta confiança no resultado final.

Como faremos, pois, para nos libertar do medo insidioso que de mil modos se insinua no nosso ânimo, que nos cerceia a vontade, que nos ofusca o pensamento, que nos impede de agir e que nos torna débeis, hesitantes e incertos?

A primeira coisa é procurar entender bem o que é o medo, quais são seus múltiplos aspectos e manifestações, para em segundo lugar analisar as suas causas e vertentes.

Depois de haver feito isso, examinaremos os vários métodos e maneiras de superar e libertar-se do medo.

O medo pode dividir-se em duas grandes categorias:

a) Medo consciente e racional.

b) Medo inconsciente e irracional.

A) *Medos conscientes*

Podem ser das mais variadas espécies:

1) Medo do sofrimento (físico ou moral).

2) Medo da morte (a nossa ou a de pessoas que nos são caras).

3) Medo do futuro.

4) Medo do insucesso.

5) Medo da solidão, etc.

Eis apenas alguns poucos exemplos das formas infinitas do medo que atormentam o homem e se manifestam dos mais variados modos.

Estes medos são, às vezes, justificados por experiências negativas pelas quais já passamos e que nos tornam conscientes das dificuldades possíveis, dos perigos e sofrimentos. De outras vezes o medo abriga-se em nosso ânimo sem justificação, faz parte da nossa natureza e do nosso caráter, é uma característica, ou quase, do nosso temperamento.

Vejamos, pois, quais as causas destes medos.

Conforme ficou dito acima, tal tendência ao medo é altamente perniciosa e quem dela sofre é um ser mutilado, continuamente truncado e paralisado em suas manifestações, além de perenemente agitado e inquieto.

Não me alongarei a descrever este gênero de medo, pois desejo dar um rápido esboço também dos medos inconscientes e de suas causas, para poder deter-me um pouco mais na parte construtiva, isto é, nos meios e modos de superá-los.

B) *Medos inconscientes*

Os medos inconscientes, ou antes, de origem subconsciente, são todos os que não apresentam explicação racional e causa plausível e que não se apresentam à consciência de modo claro e explícito, mas sob a forma de mal-estares variados e estados emotivos. Vão do ligeiro estado de ansiedade, que atormenta sem causa aparente, até ao estado de angústia profunda, que pode-se tornar numa verdadeira condição patológica, nos casos mais graves.

Também a timidez, a dúvida, a incerteza, a hesitação, etc., entram no quadro do medo inconsciente, bem como as diversas e variadas fobias (de caráter leve) que nos afligem a todos.

As fobias (por exemplo, a agorafobia: medo de lugares abertos) e a claustrofobia (medo dos sítios fechados), certamente estão ligadas a traumas que se tornaram subconscientes e que se manifestam na superfície da consciência como um medo, um impedimento, uma aversão por qualquer coisa, sem razão lógica.

Existem pessoas que de tudo têm medo, que vivem num estado de ansiedade perpétua e que sentem pavor e agitação por qualquer coisa que devam enfrentar, mesmo as simples e comuns. Criam escrúpulos, limites, obstáculos, sem nenhuma razão. Sentem constantemente medo de se enganar, de ser mal-julgadas, de ir ao encontro de quem sabe que perigos...

Tais pessoas poderiam buscar no próprio subconsciente a causa de seu estado, visto que não há uma explicação lógica e racional para seu comportamento.

Freqüentemente até as inibições de realizar quaisquer atos derivam do medo inconsciente, deixado por traumas acontecidos no passado.

Por exemplo, o medo de ser afetuoso e expansivo provém do medo de ser rejeitado, o qual é naturalmente inconsciente e ligado a algum trauma afetivo ou acontecimento do passado, no qual as expressões da pessoa foram violentamente rejeitadas e forçadas a ser reprimidas. Nasce deste fato uma inibição, ou antes, uma defesa para não tornar a sofrer.

Freqüentemente, porém, não há uma ligação clara da inibição com o trauma; ela está camuflada sob outro aspecto.

Por exemplo, o medo de dirigir um automóvel pode mascarar a incapacidade de dirigir uma empresa ou uma fazenda, e é causado pela inibição do instinto de auto-afirmação.

A incapacidade de escrever uma carta (encontra-se, às vezes, esta inibição mesmo nas pessoas cultas), mascara uma inibição de caráter afetivo e emocional.

Assim também o medo do sol, ou da luz muito forte, pode significar que existe um complexo de culpa, ou antes, um medo de ser

110

descoberto, de ser *iluminado* até as profundezas e recessos do psiquismo.

Embora não cheguem ao complexo, todos os estados de ansiedade, de temor, de agitação, que não têm causa plausível, têm certamente raízes no subconsciente.

Causas do medo

Todo medo, consciente ou inconsciente, tem origem no corpo astral.

No *Trattato di Magia Binca* está escrito que as energias que se manifestam mais freqüentemente no corpo astral do ser humano comum são as seguintes:

1) Medo

2) Depressão (e seu pólo oposto, a euforia)

3) Desejo (em todas as suas formas).

Como vemos, o primeiro da lista é o medo "visto que, para a maioria dos homens, ele representa o Guardião dos Umbrais e, em última análise, é o mal fundamental do astral" (A. B., p. 335).

Poder-se-ia perguntar: Por que existe o medo no corpo astral? Qual a sua causa?

Responderei ainda uma vez com as palavras do *Trattato di Mabia Bianca:*

"A alma senciente (e também o corpo astral) dos animais e dos homens está subconscientemente cônscia de fatores semelhantes aos seguintes:

1) A imensidade do todo e do senso de opressão que disto provém.

2) A pressão proveniente de todas as outras vidas e existências.

3) A inflexibilidade da Lei.

4) O senso de aprisionamento, de limitação e da conseqüente inadequação.

111

Nestes fatores, que se originam do mesmo processo das manifestações, o qual persiste e aumenta de potência no decorrer dos séculos e das eras, encontram-se a causa do medo, tão difuso e de tão várias formas, na humanidade..." (*Trattato di Magia Bianca*, p. 337.)

Que significam as palavras "a alma senciente dos animais e dos homens é subconscientemente cônscia"?

Significam que o corpo astral (alma senciente) está aberto a todas as influências, visto que por sua própria natureza é eminentemente receptivo e sensível. É composto de substância astral, que é uma substância fluida, móvel, impressionável. Disto se deduz que quem quer que tenha certo desenvolvimento do corpo astral e seja nele prevalentemente polarizado sem, por outro lado, dominá-lo e controlá-lo, está sujeito ao medo, o qual é o resultado da sensibilidade do corpo senciente.

Através do corpo astral, entramos em comunicação com o cosmo inteiro, com todos os outros corpos astrais e com o plano astral, onde existem as vibrações de todos os sofrimentos, angústias, medos e dores da humanidade inteira, presente, passada e futura.

Existe uma espécie de miasma, de névoa, que recobre todo o planeta e é formada pelas vibrações astrais de toda a humanidade e povoada das mais terríveis e angustiosas formas-pensamento, criadas pela dor e pelas emoções penosas que se estão desenvolvendo no momento presente e pelos sofrimentos do passado, que impressionaram de tal modo a substância astral que construíram formas-pensamento persistentes e vitais; existem, além disso, vibrações de ódio, medo e angústia não ainda precipitadas no plano físico para se concretizar, mas que pairam no plano das emoções, preparando acontecimentos futuros.

Esta é uma verdade oculta que todo espiritualista deveria conhecer e por isso é que todo acontecimento, antes de suceder no plano físico, adeja nos planos sutis, ou poder-se-ia dizer que toma a vitalidade das energias deles. O evento físico é apenas o resultado último da sua preparação nos planos mais elevados.

Voltando, pois, ao assunto desta lição, diríamos que a falta de domínio do corpo astral é a verdadeira causa do medo, pois ele se origina e toma sua vida desse corpo, o qual constitui o mais grave problema do homem, seu "Kurukshetra", ou antes, o campo de batalha onde ele deverá combater, em sua luta mais importante e vital, antes de poder entrar no verdadeiro Caminho espiritual.

Métodos para superar o medo

Torna-se óbvio, depois do que foi dito acima, que o método principal para vencer o medo é o domínio do corpo astral.

E como pode se conseguir tal domínio?

O primeiro passo na direção deste feito é a tranqüilização do corpo emocional, realizada com oportunas percepções e modos.

O relaxamento físico é muito útil para este fim, pois ele desata a tensão nervosa e conseqüentemente acalma e aquieta a agitação emotiva. Isto não deve parecer estranho. O sistema nervoso simpático está estreitamente ligado ao corpo astral, por meio do plexo solar e todas as vibrações emotivas têm repercussão nele e no físico. Daí provêm os numerosos distúrbios físicos que atormentam pessoas emotivas.

O relaxamento físico, todavia, não é um remédio parcial, que pode ser realmente útil se empregado simultaneamente aos outros recursos, tais como o cultivo de virtudes adaptadas a tranqüilizar de modo estável a agitação das ondas emotivas e a tornar o corpo astral menos passivo, menos receptivo nos confrontos com vibrações negativas. Tais são as seguintes virtudes: a calma, a serenidade, a confiança.

Poderíamos, neste ponto, perguntar: "Mas como se pode adquirir tais virtudes, assim sem mais nem menos?"

Certamente não seria trabalho fácil nem rápido mas seria um trabalho possível.

Um dos auxílios mais eficazes para a aquisição de tais qualidades tão necessárias, podemos buscá-lo no subconsciente.

Nós, quase sempre, embora admitamos sua existência, descuidamos de utilizar a maravilhosa fonte de energias que é nosso subconsciente, e que está sempre presente, vivo, palpitante, dinâmico, pronto para nos ajudar.

Só o que precisamos saber é o modo de nos servirmos de sua colaboração.

Estudiosos de psicologia, tais como Baudoin, ou Couè, etc., têm-se referido ao modo de utilizar o auxílio do subconsciente na formação do caráter, na cura de doenças, etc.

O método preconizado por tais estudiosos é o chamado "da sugestão", a que preferimos, todavia, dar o nome de "sugestões ao subconsciente", a fim de não dar ensejo a mal-entendidos, visto que não se trata de se auto-sugestionar e se iludir e sim de *pôr realmente em movimento o poder criativo das energias inconscientes.*

Este poder do subconsciente provém das características de sua própria natureza, que são: plasticidade, impressionabilidade e capacidade de realizar as influências recebidas.

O subconsciente é semelhante a um terreno fértil, que só espera receber a semente em seu regaço para a fazer maturar e germinar, depois de um certo período de tempo.

Retornando ao método da sugestão ao subsconsciente, tentaremos antes definir o que isto é:

"Sugestão ao subconsciente é o procedimento mediante o qual uma idéia é impressa no subconsciente e, por meio dele, se realiza."

Devemos, portanto, imprimir a *idéia* da qualidade que desejamos adquirir (e que neste caso é a calma, a serenidade, a confiança), no nosso subconsciente e depois deixar-lhe a tarefa de dar realidade à nossa meta.

Devemos escolher um momento adequado do dia, um momento de relaxamento e de tranqüilidade, (à noite, antes de dormir é o melhor), e "sugerir" ao subconsciente a qualidade que desejamos conquistar. A palavra "sugerir" não foi escolhida por acaso, pois implica uma certa índole pacífica e o senso do respeito pela liberdade alheia — pois o subconsciente não suporta imposições de vontade e quer ser deixado em liberdade.

Se utilizarmos a vontade, obteremos um resultado oposto ao desejado e isto por uma estranha característica do subconsciente, para o qual "os esforços (de vontade) invertem-se espontaneamente (no subconsciente), reforçando a idéia dominante" (C. Baudoin).

Eis por que é preciso usar de doçura e calma, ao *consignar* ao subconsciente uma idéia a ser realizada; depois, não se deve mais pensar nela, até à noite seguinte, quando, do mesmo modo, tornaremos a sugerir ao nosso inconsciente colaborador a qualidade que desejamos adquirir.

Assim haveremos de perceber, depois de um certo período de tempo, que está amadurecendo em nós alguma coisa, impulsos novos, novas tendências, que surgem e nos impelem para as realizações da qualidade que desejamos desenvolver, oferecendo-nos também meios de a expressar. E não se trata aqui de um milagre e sim apenas da manifestação de uma lei psíquica, a qual nos oferece a prova de que no homem existem todas as possibilidades, contanto que ele saiba encontrar o meio e o modo de desenvolvê-las.

Além do método das sugestões ao inconsciente, com o fim de adquirir qualidades, superar defeitos, etc., existe ainda um método eficaz para a utilização da imaginação e da afirmação.

No caso do medo, por exemplo, devemos tentar imaginar que estamos nas situações mais propícias a suscitar em nós tais emoções e tentar *ver-nos a nós mesmos*, calmos, serenos, corajosos. O importante é esforçar-se de todos os modos para que tal imagem seja clara e nítida em todas as suas particularidades e atitudes. Depois de ter conseguido uma clara visualização, devemos pronunciar com segurança e decisão uma afirmação adaptada ao caso como, por exemplo, a seguinte:

"Estou calmo, sereno, confiante, cheio de coragem e de segurança com respeito a todas as circunstâncias da vida."

É útil repetir a afirmação várias vezes e com grande convicção.

Neste método, foi empregada a força da imaginação, que é extraordinariamente eficaz e poderosa e, o que é mais importante, combatemos o medo com sua própria arma. Efetivamente, nossos pavores, temores e angústias alimentam-se e vitalizam-se com a própria imaginação e além disso o mal que imaginamos, não raro se concretiza justamente porque nós mesmos criamos, sem nos dar conta disso, uma forma-pensamento que afinal se materializa.

A imaginação é uma força criativa e devemos tratar de utilizá-la para criar e construir coisas boas e positivas, não a deixando livre e indomada, sujeita às emoções negativas, as quais, no caso em pauta, são o medo, a ansiedade, a angústia e a dúvida.

* * *

Enfrentemos, pois, a tarefa de tentar vencer pouco a pouco nossos medos, sem incerteza e sem desânimo, e sim com certeza firme de consegui-lo. Embora o caminho não seja fácil, os resultados não tardarão a aparecer, pois todo esforço, por mínimo que seja, feito por nós na direção do aperfeiçoamento, com motivos puros e desinteressados, provoca uma reação cem vezes maior da parte de nossa Alma, e auxílios abundantes e poderosos das forças espirituais.

12.ª Lição

Qualidades que Devem ser Desenvolvidas

F. *Humildade*

> "Onde está a humildade, está a sabedoria"
> (*Bíblia*)

Um dos mais insidiosos perigos que o aspirante espiritual, com freqüência, encontra em seu caminho, é o orgulho.

Como está escrito no livro *La luce sul sentiero,* o orgulho é semelhante à serpente escondida à sombra das flores. Efetivamente, ele é a insídia que se oculta sob todas as nossas realizações; é um perigo ao qual dificilmente se pode fugir, ao começar o desenvolvimento consciente. No momento em que começa a se desenvolver o senso do Eu, da sua potência, da sua força, qualquer coisa faz com que a pessoa se sinta diversa dos outros, melhor que os outros — e é difícil evitar aquele senso de satisfação que acompanha toda conquista e todo progresso.

117

Todos os livros espirituais exortam o aspirante sincero a se aperfeiçoar, a se autoformar, a desenvolver suas qualidades latentes e a tornar-se um servidor da humanidade e um discípulo do Mestre. E assim deve ser efetivamente, mesmo porque há um momento na evolução em que sentimos necessidade de progredir, de nos elevar, de crescer e de expressar as qualidades ainda latentes, que pressionam para se manifestar. Todavia, é preciso estarmos muito atentos, ao nos adiantar no caminho do desenvolvimento, para que nosso crescimento seja alimentado e favorecido pela Luz da Alma, pelo apelo irresistível do Eu, que se deseja manifestar — e não no sentido da auto-afirmação, da superioridade e do orgulho, que provêm da personalidade e do desejo inconsciente de prevalecer, que é o sinal de reconhecimento do Eu pessoal.

Este é o verdadeiro significado da "Luz sobre o Caminho":

"Cresce, como crescem as flores, inconscientemente mas com ardor, ansioso de abrir ao ar tua alma.

"Assim deves anelar por abrir tua alma ao Eterno.

"Mas deve ser o Eterno que te faz nascer a força e a beleza, não o desejo de crescer. Pois neste caso te desenvolverás no viço da pureza e no outro, endurecer-te-á a paixão inevitável pela elevação" (p. 14, § 8.)

Eis o motivo pelo qual uma das qualidades mais necessárias ao aspirante espiritual é a humildade.

A humildade é uma qualidade que nem sempre é considerada em seu verdadeiro valor, nem reconhecida sob uma luz justa. Parece algo de que se pode descuidar, às vezes, até ridícula, pois suscita estranhas reações no ânimo das pessoas que dela ouvem falar.

Ser humilde significa, para muitas pessoas, ser servil, rastejante, débil... Mas isto é um erro.

Não há maior força que a da humildade, entendida em seu verdadeiro significado. Nem há maior sábio que o homem humilde.

Segundo Lacordaire: "Deves ser humilde. Mas a humildade não consiste em esconder o próprio engenho, as próprias virtudes ou em acreditar-se pior que os outros, mas em conhecer claramente o que nos falta e em não se assoberbar pelo que temos."

Ser humilde, portanto, não é o mesmo que se rebaixar, é conhecer as justas proporções.

Para o aspirante espiritual, que deseja conhecer-se e autoformar-se, é necessária esta clareza de visão, esta objetividade, esta desapaixonada consideração daquilo que lhe toca — a qual lhe permite se enquadrar no grande esquema evolutivo, reconhecendo seu justo lugar e prosseguindo com olhar límpido para sua autoformação.

O leitor terá decerto notado como é mais fácil saberem as pessoas julgar outras, reconhecer os defeitos alheios de que se conhecer a si próprias. Fato estranho: quando nos voltamos para nossa pessoa, aparentemente uma névoa ofusca-nos o olhar e não raro esta mesma névoa é composta de orgulho, de auto-satisfação e de autodefesa.

Seria, porém, menos grave se nos orgulhássemos de uma superioridade real. O fato é que freqüentemente nos enchemos de orgulho por méritos que não possuímos, por superioridades imaginárias, por qualidades que na realidade não nos caracterizam. Não falta quem se creia inteligente, bom, altruísta e se gabe disso, ao passo que, se vissem a Luz da verdade, descobririam que sua verdadeira natureza é bem diversa.

Como afirmei acima, quem realmente possui qualidades e virtudes não fica vaidoso disto, uma vez que lhe parece absolutamente natural sua posse; apenas os que não as possuem, delas se orgulham, em sua ilusão.

Isto é reconhecido no campo da psicanálise sob o nome de complexo de superioridade. Os débeis, de algum modo insuficientes, sentem-se intimamente superiores aos outros, encontrando neste sentimento de superioridade oculta uma compensação pelas suas deficiências.

Além disso, ambição e orgulho são sinais de egocentrismo e egoísmo, significando que foi dada grande importância à personalidade.

Há sempre o perigo de cair no excesso oposto, no orgulho e igualmente no desprezo de si.

Eis o motivo pelo qual algumas pessoas rejeitam esta qualidade; interpretam-na no sentido negativo.

Antes de ser cultivada, a humildade deve ser perfeitamente compreendida.

O desprezo por si mesmo avilta, é fonte de infelicidade, cerceia a vontade e trunca o desejo de progresso, ao passo que a verdadeira humildade proporciona uma profunda serenidade, uma alegria interior, uma calma em todas as circunstâncias e uma segurança em si, diante de todos os acontecimentos e diante de qualquer pessoa. A verdadeira humildade é uma força que suscita no ânimo de quem a possui uma fonte de luz e de sabedoria.

Os homens genuinamente grandes sempre foram simples e humildes.

Tentemos, pois, considerarmo-nos em nossas justas proporções, com olhar sereno e objetivo.

Os orgulhosos têm medo de se olhar de frente, abertamente. Temem e se defendem dos próprios defeitos. O orgulho talvez seja uma defesa. Aliás, isto depende de termos sido formados segundo idéias errôneas com respeito àquilo que é chamado pecado, erro ou defeito.

O mal, por si, não existe. O homem é composto de energias, qualidades, tendências que, todas elas, são boas, visto que vêm de Deus. É apenas o uso errado que produz o assim chamado mal. Efetivamente, na alma do "maior pecador" e do "maior santo" existem os mesmos elementos, aqueles usados para o mal, e estes, para o bem. Eis o segredo do processo psicológico chamado "sublimação", o qual, uma vez compreendido, e posto em prática, é o maior auxílio para o aspirante espiritual em via de elevação.

É preciso, portanto, não chamar "pecados" os nossos erros e deficiências, pois trata-se apenas do emprego errado de energias e qualidades. Esta atitude para com os próprios traços negativos liberta mais o homem, a fim de que ele possa reconhecer e olhar de frente para os próprios defeitos, que podem humilhá-lo e aviltá-lo, se forem considerados pecados ou erros vergonhosos. O orgulhoso despreza os erros e fraquezas, não os querendo reconhecer, justamente porque tem dentro de si, no seu subconsciente, este senso de vergonha atávica pelo assim chamado pecado.

O humilde, ao contrário, reconhece com serenidade e objetividade seus lados negativos, fala neles e quase os oferece à vista do próximo, pois não se envergonha deles, por saber, no mais profundo de seu coração, que tais lados negativos nada mais são que erros devidos à ignorância e por ter a certeza de os poder superar e transformar em bem.

Parecerá talvez paradoxal dizer que muito mais confiança em si tem o humilde que o orgulhoso, visto que o primeiro sente em si a divindade latente e tem absoluta confiança de que um dia, mais cedo ou mais tarde, ela se manifestará; o orgulhoso, ao contrário, sente apenas seu "eu" pessoal e separativo e pensa já ter chegado ao ápice de todas as suas possibilidades, ao mesmo tempo que esconde no coração um profundo senso de insatisfação e ambição desiludida, pois seu poder é efêmero e sua superioridade apenas ilusória.

Quem possui a humildade autêntica não espera honrarias, reconhecimento, louvaminhas, aplausos. Se trabalha é por sentir-se impelido, por um impulso genuíno, para a atividade; se pratica o bem, é realmente por amor ao seu semelhante; se é artista, é pela força de um dom espontâneo e irresistível, ao passo que o orgulhoso, ao contrário, deseja os aplausos, as honras, anseia pela glória e, por conseguinte, trabalha pelos louvores e para ser reconhecido; faz o bem para ser considerado bom e altruísta, toma atitudes de artista para ser famoso e seus esforços são, portanto, motivados por fins pessoais e não idealistas.

Certamente não é fácil conseguir a verdadeira humildade, talvez mesmo por não se ter uma idéia bem clara do que possa ser.

A expressão "justo senso das proporções" avizinha-se muito de seu verdadeiro e profundo significado.

Devemos alcançar este "justo senso da proporção", sem oscilar entre os dois extremos do desprezo e da exaltação de nós mesmos.

Algo que muito nos pode auxiliar para atingir tal finalidade é procurar não olvidar jamais o universal, o infinito, enquadrando-nos sempre no esquema mais amplo e grandioso que nos circunda e do qual fazemos apenas parte infinitesimal.

Relata-se que o presidente dos Estados Unidos, Theodore Roosevelt, costumava todas as noites, antes de se deitar, sair à sacada para contemplar o céu estrelado, em companhia de um amigo. Passavam alguns momentos a contemplar as estrelas e a conversar sobre a grandeza do universo, sobre a imensidade do infinito e a refletir sobre a pequenez do planeta Terra, em confronto com os demais astros e planetas, sobre sua mínima importância na Criação; refletiam também sobre o homem que, conseqüentemente, afigurava-se parcela infinitesimal, quase inexistente na grandiosidade do cosmo. Após tais reflexões, retirava-se o Presidente para deitar-se, dizendo ao amigo: "Muito bem, agora que somos bastante pequeninos, podemos ir para a cama."

O humorismo sutil desta anedota é rico em sabedoria.

Esquecemos, com maior freqüência, de nos inserir no grandioso quadro do Universo, de tomar nosso lugar apropriado e nossas adequadas proporções, no Plano Divino, no qual não somos mais do que uma entidade mínima. Teríamos anulado nosso orgulho, se pensássemos em todos os Grandes Seres que estão acima de nós, a todos que não são superiores e diante dos quais somos apenas Almas infantis.

Infelizmente, no Caminho do progresso espiritual, sobrevém quase sempre um período no qual desperta este senso de orgulhosa auto-satisfação.

Freqüentemente, tal período segue a uma verdadeira realização, ou a uma real ampliação da consciência. Às vezes, um fugaz contato com o Ego produz um tal afluxo de energia, de força, de consciência do poder, que o indivíduo se ilude e crê ter atingido um alto grau evolutivo, quando está ainda engolfado no eu — o que é chamado "inflação do eu", pelo Prof. Assagioli.

Houve um verdadeiro afluxo de energias espirituais, mas a personalidade não foi ainda superada e por este motivo é que se produz este senso de inchaço e orgulho, que é a reação natural e, dir-se-ia, óbvia do eu pessoal.

Nada há que fazer para superar este senso de superioridade do eu pessoal e adquirir a faculdade da humildade, do justo senso das proporções, a não ser que se consinta em reconhecer o que há em nós de divino e, em todos os sentidos, sem orgulho.

Se refletirmos um pouco sobre a causa e a origem do orgulho veremos que ele provém sobretudo do senso de separação do eu pessoal, portanto, a não ser que superemos esta barreira, não conquistaremos a humildade. Tal conquista só pode acontecer por meio do amor.

Quando principiarmos a sentir amor pelos outros — aquele amor não emocional, mas anímico, feito de fraternidade, compreensão, unidade com todos — nesse momento superaremos o orgulho e a ambição. Espontaneamente, havemos de reconhecer os méritos, as qualidades dos outros, e com um sentimento de alegria; então saberemos admirar a superioridade alheia sem nos sentirmos diminuídos e aprenderemos a não desprezar o inferior mas, ao contrário, a desejar-lhe dar auxílio... Só nesse momento nos sentiremos unidos a todos e ofereceremos nossos eventuais méritos como um dom espontâneo, como uma irradiação benéfica, permanecendo na sombra e não solicitando reconhecimento nenhum.

Maurice Maeterlinck, em seu livro *Il tesoro degli umili,* escreveu que, para adquirir a humildade, devemos aprender a distinguir a essência da aparência, ou antes, aprender a discernir o real do irreal, o divino que está atrás da forma. Da humildade, entendida sob este aspecto, ele faz a base da intuição. E a intuição, por sua vez, não será a base do Amor Anímico? Como poderemos sentir a divindade oculta nos outros a não ser pela intuição?

123

Na introdução ao livro acima citado, de Maeterlinck (escrita por Arnaldo Cervesato), pode-se ler: "Somos intuitivos na medida de nossa humildade e da fé no Deus profundo." E ainda: "Para ver realmente a si mesmo e o mundo, a realidade divina e a aparência múltipla, e discernir uma da outra, é mister que o homem tenha a humildade suficiente e necessária para reconhecer em si parte de Deus, em exata relação de dependência e homogeneidade com Ele".

Para ser humilde, portanto, devemos nos sentir parte de Deus e parte da humanidade inteira.

Se alguma humildade nos coube, ela nos veio apenas de Deus e não devemos jamais esquecer as palavras com que Cristo respondia humildemente aos que o seguiam:

"Não sou eu quem obra, mas o Pai em mim."

A Luz da alma, a divindade oculta em nós não se pode manifestar se cultivamos o orgulho da personalidade, que ofusca a clareza da visão e nos torna semelhantes a Narciso, que ao se olhar num lago viu a própria beleza e dela se enamorou, caindo n'água e perecendo miseravelmente. O amor pela personalidade, a autocomplacência, o sentimento de superioridade, nos fazem permanecer imersos na água do mundo inferior e nos impedem de liberar o Eu do lodo da matéria.

Tentemos, pois, elevar-nos, permanecendo humildes; tentemos ampliar-nos permanecendo pequenos; tentemos ascender sem perder o senso das proporções e, sobretudo, tentemos amar com profundo senso de fraternidade e de igualdade, sentindo que somos todos uma pequena centelha de luz que se dirige para a Luz mais ampla, que é o sol do Espírito.

13.ª Lição

Qualidades que Devem ser Desenvolvidas

G. *Compreensão*

"Não aceitar tudo, mas tudo compreender; não aprovar tudo,
mas tudo perdoar; não aderir a tudo, mas buscar em tudo aquela
parte de verdade que está encerrada."

(ELISABETH LESEUR)

Segundo Quintiliano: "Condena-se aquilo que não se compreende." Isto é verdade, pois o homem, por estranha inclinação de sua natureza, geralmente despreza e rejeita aquilo que não pode compreender, julgando e condenando asperamente o que foge ao seu entendimento.

Desta incompreensão nascem males sem fim, infinitos sofrimentos e lutas, antagonismos, preconceitos que dividem cada vez mais e separam os indivíduos.

Por que existe tal incompreensão? Como evitá-la ou superá-la? Como chegar à compreensão?

Estas perguntas e um sem-número de outras apresentam-se à mente e criam em nós a necessidade de encontrar uma resposta adequada.

A incompreensão existe entre os homens por várias causas.

A primeira delas é o ilusório senso de separação inserido na mente humana, "a grande heresia", como é chamado no livro *La voce del silenzio*, que nutre a auto-afirmação, o orgulho, a presunção, o criticismo.

Cada um fecha-se no casulo de seu "eu" e sente-se um ser distinto, separado, dividido dos demais.

Este fechamento, para muitas pessoas, é um sofrimento, pois cria a impossibilidade de comunicar-se com os outros, suscitando um profundo senso de isolamento que, às vezes, é uma das mais árduas provações que podemos superar.

Outra causa de incompreensão é constituída pela existência das inúmeras diversidades que existem no mundo: diversidade de raça, de nação, de temperamento, de tipo e de grau evolutivo.

Mas há uma unidade fundamental subjacente a todas as coisas, há a mesma essência na origem de todas as diversidades, mas na sua manifestação cria-se a multiplicidade, que é necessária para a evolução e para o progresso do homem e de todas as coisas criadas.

Esta multiplicidade, também ela, é efêmera e ilusória, como o senso de separação, pois na realidade é apenas um meio evolutivo da essência espiritual em manifestação. O homem, todavia, não percebendo a unidade subjacente, contempla esta diversidade, sente-se ferido por ela e, sem saber sua finalidade, não a entende.

Um dos meios básicos para alcançar a compreensão é justamente o estudo destas diversidades, a análise acurada e paciente das origens e da finalidade da multiplicidade das formas manifestas.

Todavia, antes de examinar mais pormenorizadamente os meios de alcançar a compreensão, procuremos entender bem qual sua verdadeira natureza.

Coloca-se imediatamente uma pergunta: a compreensão será qualidade mental ou qualidade do coração?

A resposta é: a verdadeira compreensão é uma fusão da mente e do coração.

Não basta *compreender* mentalmente, como não basta apenas *sentir* emocionalmente.

Para verdadeiramente compreender e poder auxiliar os outros, é preciso que a mente e o coração colaborem. A mente serve para entender, conhecer, analisar, de modo intelectual e o coração serve para simpatizar, sentir em sintonia, identificar-se com a outra pessoa.

Quando a compreensão é exclusivamente mental, ela é fria e árida e tem, além disso, limites e obstáculos, visto que não podemos superar as barreiras que separam um indivíduo do outro, apenas com a luz da razão e comunicar-nos realmente com ele, sentindo em nós o que ele está sentindo. Só com o coração, portanto, podemos sentir simpatia e compreensão, mas sem compreender, na verdade, o porquê do estado de ânimo e do modo de se comportar da outra pessoa. Podemos sofrer ou alegrar-nos com a outra pessoa, mas não a podemos ajudar e nem remontar às causas da diversidade e da singularidade de sua atitude.

A verdadeira compreensão, portanto, nasce da fusão da capacidade de comprender da mente, e da capacidade de simpatia do coração.

Cada um de nós, segundo seu temperamento, alcança a compreensão, a partir da mente ou a partir do coração. Existem pessoas que se interessam pelos outros intelectualmente, quase por curiosidade mental; esforçam-se, por meio da razão e da inteligência, a compreender as pessoas.

E existem outras pessoas que espontaneamente e de modo emotivo simpatizam com outras, sem os obstáculos da crítica e do julgamento, exatamente por serem emotivamente polarizadas e não terem um forte senso de separação — o qual nasce da polaridade mental.

127

As primeiras deveriam acrescentar à sua análise mental a simpatia e o amor, de outro modo a sua maneira de compreender será não só limitada e árida, mas também ilusória e teórica, e, muitas vezes, em vez de ser compreensão, será crítica, julgamento e condenação.

A verdadeira compreensão significa "tomar em si" (*cum-prehendere*) e por conseguinte significa identificar-se com a outra pessoa.

Os segundos, embora se encontrem, em certo sentido, em posição vantajosa, devem aprender a usar mais a mente e também, pouco a pouco, habituar-se a *dar-se conta,* mentalmente, daquilo que sentem, a transformar suas sensações em conceitos, raciocínios; devem passar do estado de sensibilidade inerte e passiva a um estado de identificação positiva, dinâmica e ativa. Devem transformar a emotividade em *amor operante e iluminado pela razão.*

Devemos dizer, em honra da verdade, que os tipos polarizados mentalmente encontram maiores entraves à compreensão, visto que, como afirmamos outras vezes, é a polaridade mental que a princípio aumenta o senso do eu separado, suscitando um inconsciente senso de superioridade em relação aos demais.

O nosso senso do eu nos dá uma exagerada complacência em relação à nossa própria pessoa, ao nosso modo de ser e de nos comportar.

Quando dizemos: "Tenho este temperamento, sou assim e assado", nós o fazemos quase com um sentimento de satisfação orgulhosa e temos um senso de desprezo inconfesso pelos que são diferentes de nós; como se os seres diferentes fossem inferiores ou menos importantes.

E por que isto acontece?

É que quanto mais caracterizamos nossa individualidade, nosso "eu", tanto mais nos sentimos especiais, únicos e portanto superiores.

Eis a razão pela qual o meio fundamental para superar a incompreensão é o estudo da diversidade, dos vários temperamentos psicológicos e o conhecimento do mecanismo evolutivo.

Entre tantas diversidades que causam incompreensão, vejamos alguns exemplos:

- Diversidade de sexo.
- Diversidade de temperamento.
- Diversidade de grau evolutivo.

Entre o homem e a mulher existe freqüentemente a maior das incompreensões, pois a diversidade existente nos dois sexos não são consideradas em seu justo valor e são interpretadas erroneamente.

Se, ao contrário, todos conhecessem o significado cósmico da divisão dos dois sexos, se soubessem que todas as qualidades e características, seja do homem, seja da mulher, não são nada mais que a manifestação, no plano físico, de duas grandes energias que se originam do Um, começariam então a compreender a finalidade real do símbolo homem-mulher e superariam tamanhas incompreensões e preconceitos.

Não posso me alongar aqui sobre este assunto, mas somente dizer que o homem e a mulher representam a expressão de duas energias diversas, que são ambos necessários à evolução humana, que são incompletos se tomados separadamente e que portanto devem tender à colaboração e à integração.

No que toca à diversidade dos temperamentos é indispensável estudar a psicologia dos tipos.

Foi reconhecida desde a antigüidade a existência de tipos psicológicos diversos.

Hipócrates reconhecia quatro tipos:

1) o tipo sangüíneo

2) o tipo bilioso

3) o tipo fleumático

4) o tipo melancólico

Na época moderna foi Jung quem mais estudou o problema dos tipos e distinguiu duas grandes categorias:

1) introvertidos

2) extrovertidos.

Outros psicólogos modernos distinguiram quatro tipos:

1) o concreto-ativo

2) o emotivo

3) o mental

4) o intuitivo.

Segundo a psicologia espiritual, temos sete temperamentos, que derivam das sete grandes energias cósmicas, chamadas Sete Raios.

É óbvio, portanto, que do ponto de vista psicológico não existe igualdade entre os homens, mas, ao contrário, uma grande diversidade, visto que o homem, antes de alcançar a plena expressão de todas as suas qualidades psíquicas e estar "completo", manifesta parcialmente ora um ora outro aspecto, nas séries das vidas.

Devemos estudar e conhecer as várias tipologias, se queremos atingir a compreensão. Só assim a diversidade de comportamentos e de caracteres serão interpretados por nós sob uma luz mais justa e deixarão de suscitar em nós sentimentos de desprezo ou de antagonismo e, ao contrário, despertarão interesse e simpatia.

Existe, pois, um terceiro tipo de diversidade, o devido ao grau evolutivo. Devemos sempre ter presente que todo indivíduo é um ser em evolução e que suas características, suas qualidades, são a expressão de seu grau de desenvolvimento. Devemos, todavia, estar atentos ao emitir juízos e jamais arrogar-nos o direito de pronunciar sentença identificando este ou aquele como mais ou menos avançado na escala evolutiva. É bastante difícil, quase impossível, compreender o verdadeiro nível de uma pessoa, visto que aquilo que percebemos é apenas parte de seu ser e quase sempre a mais superficial. Nós não vemos o indivíduo em sua totalidade; não vemos seu inconsciente e seu superconsciente, suas possibilidades latentes e suas qualidades mais elevadas. Às vezes, vemos apenas o lado pior, especialmente se o indivíduo está atravessando um período de crise ou provação.

O fato de existirem vários níveis evolutivos não deve, portanto, servir para nutrir nosso orgulho e nosso senso de superioridade; deve, isto sim, servir para compreender que o homem é um ser em mutação contínua, em crescimento incessante e que não pode ser compreendido senão quando se consegue perceber aquilo que está subjacente ao seu comportamento, vale dizer, a verdadeira causa e a verdadeira finalidade de seu modo de se manifestar.

O estudo dos caracteres e tipos psicológicos é, como dissemos, um dos meios básicos para chegar à compreensão e para efetuá-lo foram utilizadas a mente e a inteligência.

Existe, porém, outro meio, também ele indispensável para desenvolver a verdadeira compreensão: tratar-se, em primeiro lugar, do auto-esquecimento, que conduz ao vivo interesse pelos outros. Em segundo lugar existe o amor altruístico.

Quem está centrado em si mesmo e continuamente cônscio do próprio eu, das próprias reações, dos próprios sentimentos, das próprias necessidades — não pode compreender os outros. Não pode esquecer-se de si, não saber superar o egocentrismo impede nossas energias psíquicas de irradiar; redobram-se continuamente sobre si mesmas, de modo a nos impedir de "entrar no coração do nosso irmão", identificando-nos com ele. Além disso, é exatamente esta incapacidade de sair de nós mesmos que nos leva a projetar nos outros nossos sentimentos, características, modo de ver — e isto acontece com muito maior freqüência do que pensamos e por isto torna-se tão difícil a compreensão.

Devemos, por conseguinte, tratar de esquecer de nós mesmos, quando desejamos compreender outra pessoa; devemos ir ao encontro dela deixando de parte tudo que se refere ao nosso pequeno eu e só então conseguiremos perceber qual a verdadeira natureza da outra pessoa e a ver como ela realmente é.

Este segundo meio pressupõe o uso do coração.

Podemos dizer, todavia, que tanto o primeiro meio como o segundo são indispensáveis e que devem ser utilizados simultaneamente, conduzindo assim à mesma conclusão, à qual haviam antes

131

chegado e assim nascerá a verdadeira compreensão da fusão da mente e do coração.

É certo que não é possível chegar à compreensão plena e amorável com facilidade nem com rapidez e, como acontece com todas as qualidades que queremos adquirir, também esta se desenvolve pouco a pouco e gradualmente.

Da incompreensão total passaremos assim ao desejo de compreender e este nos conduzirá, por meio de tentativas, repetições, esforços e, talvez, de erros, a uma compreensão parcial.

Compreenderemos, em primeiro lugar, apenas alguns aspectos, apenas certos lados das pessoas e mesmo assim não os mais profundos; aos poucos, se é sincera e forte a aspiração de compreender, conseguiremos ampliar e aprofundar o nosso campo de visão e a nossa sensibilidade — e a nossa compreensão se tornará mais clara e verdadeira.

Aquilo que conta, como em todas as coisas, é a seriedade da aspiração e a pureza de motivos.

Desejar compreender os outros envolve também a boa vontade de os amar e de alcançar aquela harmonia e aquele senso de unidade que se situam na base da verdadeira fraternidade.

Não devemos perder a coragem se, de início, percebermos que freqüentemente nos enganamos, nas tentativas de compreender e chegamos a conclusões errôneas. Continuemos a estar abertos, radiantes e amoráveis, não separados, nem egocêntricos ou isolados. "A energia segue o pensamento", diz uma sentença oculta. Isto significa que, sempre que um de nós pensa, reflete e aspira a algo, abre verdadeiramente um canal através do qual começa a fluir uma energia correspondente a da coisa pensada.

Ao desejar compreender, abrimos um canal à energia amorável e vidente do Amor da Alma, que pouco a pouco fará com que em nós se desenvolva a qualidade que desejamos e nos dará o poder da *identificação espiritual com os outros,* o que é a verdadeira e perfeita compreensão.

A compreensão é de alta utilidade para auxiliar e servir o próximo.

A verdadeira compreensão é criativa e evocadora, visto que, ao sentir-se alguém compreendido, se abre e, por assim dizer, *emerge à superfície,* manifestando não os lados negativos de sua natureza, mas as potencialidades mais elevadas subjacentes na profundeza de seu psiquismo, as quais constituem a prova de sua verdadeira essência, que é espiritual.

Procuremos, portanto, compreender, superar as barreiras da incompreensão e da separação para, em completo auto-esquecimento, tentar transformar-nos num canal de amor ativo, inteligente e iluminado.

14.ª Lição

O Desenvolvimento Interior

Enquanto o aspirante espiritual preocupa-se com o trabalho de purificação e de autoformação da personalidade, percebe que está ocorrendo nele, de modo lento e quase inadvertido, uma profunda modificação interior.

É como se ele, ao libertar aos poucos os veículos pessoais das impurezas e negatividade, abrisse um caminho para as energias mais sutis e elevadas e para estados de consciência novos e de ordem superior.

É esse o sinal de que o trabalho de autoformação está produzindo efeitos e que as vibrações da personalidade estão se elevando e a consciência interior está despertando.

O aspirante espiritual torna-se cônscio da importância da vida interior, percebe que o mundo objetivo o atrai cada vez menos, que a vida da personalidade perde importância e que há em seu lugar algo que o impele irresistivelmente a voltar-se para seu interior, como se tivesse dentro de si um poderoso ímã que o atraísse para as profundezas da própria consciência.

135

Todavia, ao preparar-se para um trabalho de interiorização efetivo e real, defronta-se com uma série de dificuldades.

Em geral, o aspirante espiritual que vive no Ocidente é um extrovertido e, portanto, conduzido espontaneamente a voltar para o exterior seus interesses, energias e atividades e assim permanece pouco desenvolvido interiormente.

Não há nele equilíbrio entre vida exterior e vida interior.

Por isso, quando se volta para o interior, é semelhante a um recém-nascido num mundo desconhecido, que deve acostumar-se ao novo ambiente, o qual tem dimensão diversa daquela a que estava habituado.

É como se tivesse estado longamente à janela, com a face ao sol e depois se voltasse para dentro, para ver a sala à qual até então dera as costas. No primeiro momento, seus olhos deslumbrados nada conseguem ver e tudo lhe parece escuro e vago. Depois, pouco a pouco, habitua-se à penumbra e seus olhos principiam a distinguir objetos no interior da sala.

O mesmo acontece a quem ficou longo tempo com o rosto voltado para o mundo objeto, dando as costas ao mundo interior. Ao voltar sua atenção para o interior, não consegue, de início, compreender coisa nenhuma, nada percebe, o mundo subjetivo lhe parece vazio, escuro e sem significado.

Precisa familiarizar-se aos poucos com a nova dimensão e habituar-se ao novo ambiente.

O mundo interior é muito complexo e bem mais rico e vivo que o exterior.

Efetivamente, tudo que acontece no exterior, não passa do resultado de um trabalho interno, de impulsos subjetivos (que podem inclusive ser inconscientes). O próprio homem, como corpo físico, é apenas uma forma por trás da qual há uma energia, uma realidade profunda.

O extrovertido não tem consciência disto e em geral é passivo, no que toca ao mundo interior.

É como um autômato, movido por impulsos cuja natureza e origem ignora. Crê ser o autor das próprias ações e não passa de um instrumento de forças invisíveis.

Porém, ao voltar-se para o mundo interno, toma consciência de que ocorrem em seu mundo subjetivo causas que estão subjacentes às suas ações; sentimentos e impulsos que determinam seu comportamento e energias internas que vibram dentro de seu ser.

Compreende que o mundo interior tem vários níveis: os psicológicos, que são constituídos do conjunto de energias e aspectos psíquicos da personalidade (instintivos, emotivos e mentais), níveis espirituais, onde vive e vibra a Alma, o nosso Eu real.

Toma consciência do longo tempo que leva o trabalho de interiorização, de sua complexidade e da necessidade da prática séria e constante do recolhimento, da reflexão e da busca interior.

Deste modo começa a dedicar mais tempo aos momentos de silêncio, de reflexão e de abstração do mundo, a fim de tentar alcançar o domínio de suas energias interiores e encontrar, entre os múltiplos e flutuantes aspectos do psiquismo, o filão de ouro que o conduzirá aos níveis mais profundos, onde vibra seu verdadeiro Eu.

Devem, efetivamente, ser atravessados todos os níveis do mundo, para alcançar o Eu, a Alma. O mundo interior é a ponte que nos liga ao nível espiritual, pois o Eu real não vive na superfície; está escondido nas profundezas do nosso ser, sob as modificações do psiquismo, no centro da consciência.

A Alma, na realidade, é como se fosse superconsciente, no que concerne ao homem identificado com a personalidade e todo voltado ao mundo objetivo.

Existe uma espécie de cisão profunda entre a consciência do eu pessoal e a consciência profunda do nosso verdadeiro Eu, que é a Alma.

Esta cisão pode ser gradual e lentamente preenchida, por meio de longo trabalho de interiorização e tomada de consciência do mundo subjetivo e dos vários graus que conduzem ao Supraconsciente.

137

Na realidade, o lançamento da ponte que vai até à Alma deve ser feito pelo próprio aspirante, por meio de exercício contínuo, esforço e vontade.

Durante um período bastante longo, o aspirante trabalhará no caminho evolutivo "de baixo para cima", "do exterior para o interior", isto é, trabalha identificado com a personalidade e buscando subir, interiorizar-se em direção à Alma, a qual permanece aparentemente silenciosa, longínqua e ignorante de todos os seus esforços.

Não receberá resposta aos seus apelos, não receberá auxílio em seu trabalho, não ouvirá o eco da própria voz.

Mas isto não é verdade.

Há sempre uma resposta, mas o aspirante não tem ainda condições de reconhecê-la e interpretá-la.

"A aspiração produz inspiração", como está escrito no *Trattato di Magia Bianca,* o que significa que o apelo da personalidade produz um afluxo de energias anímicas, abre um canal para que baixem forças espirituais.

O aspirante espiritual, todavia, pode permanecer inconsciente deste afluxo, não saber reconhecer no seu fervor renovado, na sua serenidade aumentada, no seu maior desligamento, as sementes inconfundíveis da "resposta" da Alma.

Na realidade, apenas o homem começa a interiorizar-se, à procura de seu Eu profundo, inicia-se automaticamente um relacionamento de ação e reação recíproca, entre a personalidade e a Alma — disto, porém, ele nada sabe.

Sente aumentar seu interesse e mesmo sua necessidade de interiorizar-se, de recolher-se; não compreende, porém, que este é um efeito do influxo da Alma, a qual, a cada um de seus esforços de elevação, reage com uma silenciosa, mas nem por isso menos eficaz, resposta.

Assim, inconscientemente, vai-se preparando um acontecimento de importância primordial: o contato consciente com a Alma.

Este contato sobrevém aparentemente de improviso, sem aviso prévio, por ser o efeito da elevação das vibrações de um dos veículos pessoais, que podem assim pôr-se em sintonia com as vibrações da Alma.

Efetivamente, este primeiro contato pode sobrevir por meio de qualquer um dos veículos da personalidade (o etérico, o emotivo, o mental) e produz uma total reviravolta interior e uma nova orientação de todo o ser.

Os que passaram por esta experiência são chamados "os despertos", exatamente por terem tido a impressão de "despertar" repentinamente para a verdadeira vida, para a realidade de ter estado até então imersos em um sono, num mundo obscuro e irreal.

O aspirante terá, pois, consciência da meta e saberá que dentro dele existem poderosas nascentes de luz e energia e, embora não as possa ainda atingir voluntariamente, tem a prova de sua existência e está seguro de que todos os seus esforços conduzirão um dia à identificação completa com elas, que são seu verdadeiro Eu.

A personalidade, na realidade, não mudou. Mudou o estado de consciência, visto que o aspirante, tendo tido a revelação de sua realidade, tendo-se identificado, ainda que por um só instante, com a consciência sublime e ampla da Alma, não poderá jamais voltar a ser o que antes era. Sua consciência recebeu uma impressão indelével que nunca mais há de ser cancelada.

Por outro lado, ele adquiriu o conhecimento, mais lúcido que nunca, dos obstáculos e dificuldades que deverá atravessar, bem como de que muito deverá superar para alcançar contato estável com a Alma — pois a luz que afluiu à sua consciência, durante um momento inesquecível, mostrou-lhe como são, na realidade, todas as suas imperfeições, pontos negativos e apegos, mas mostrou-lhe também todas as suas possibilidades e qualidades.

Inicia-se deste modo um novo período, no qual ele continuará seu trabalho de autoformação e purificação, sem notáveis mudanças exteriores, mas na realidade profundamente transformado interiormente.

Eis agora o momento em que passará pelo "caminho da provação", pois na realidade está *em meio à prova,* durante este período, de seu Mestre interior, a Alma; recorda-se da luz que nele se acendeu e deseja experimentar sua força, sua sinceridade, sua capacidade de no futuro servir no Plano Divino.

O caminho da provação é denso de experiências, de crises e conflitos interiores, dadas as necessárias transmutações, as inevitáveis superações e desligamentos que o aspirante deve afrontar.

O ponto crítico do aspirante, neste período, é a natureza emotiva que deve ser transcendida e sublimada — o que implica muito sofrimento e muita renúncia.

Ele deve, além disso, passar da polaridade emotiva à mental, se desejar que o fugaz contato com a Alma, que antes experimentou, seja retomado e se estabilize de modo duradouro e se realmente desejar construir uma ponte que o leve à consciência do Eu espiritual.

Para passar à polaridade mental deve desenvolver a mente, torná-la clara e límpida, além de habituar-se a utilizá-la em relação aos veículos inferiores como fator de direção e, em relação à Alma, como órgão de receptividade das idéias superiores.

Com a polaridade mental, alcança também o domínio sobre a personalidade e lhe favorece a integração, que vem a ser um importante passo neste caminho.

Sua busca de interiorização, portanto, não é mais apenas aspiração ao recolhimento, ao silêncio, à abstração do mundo externo; torna-se um trabalho consciente, ordenado e organizado, uma prática consciente, que é uma verdadeira técnica interior.

Esta técnica é a meditação.

Não podemos aqui nos deter na descrição das várias fases e métodos de meditação, o que exigiria um longo tratado. Digamos apenas que se trata de uma verdadeira e adequada técnica espiritual, pois quando se inicia o trabalho de meditação, são postas em movimento energias e vive-se e age-se no mundo interior, onde se produzem modificações, sublimações e onde, acima de tudo, se produz a transferência, gradual e consciente, do eu pessoal para o Eu Espiritual.

A meditação é indispensável àquele que deseja séria e sinceramente se dedicar à vida espiritual, à realização de sua essência real e profunda: a Alma.

O aspirante espiritual, portanto, nesta fase terminal do caminho que está percorrendo, começa a meditar, desenvolve a mente, evolui e amadurece interiormente e prepara-se, mesmo sem o saber, para a fase ulterior e mais alta do caminho evolutivo: a do discipulado. Em outras palavras, prepara-se para colaborar com um dos Instrutores, em planos sutis, para realizar o trabalho de servir a humanidade.

Leia também

GUIA PARA O CONHECIMENTO DE SI MESMO

Angela Maria La Sala Batà

É este um livro que leva em conta a necessidade básica de cada indivíduo conhecer-se a Si mesmo, analisar-se com objetividade, enquanto procura trazer à luz energias ocultas, a fim de que, pouco a pouco, possa revelar a essência íntima de sua natureza, o verdadeiro Eu.

Desejos em conflito, instintos, emoções, pensamentos, sonhos, o inconsciente, tudo é considerado material de trabalho de formação e autoconhecimento.

A Autora se formou no ambiente espiritual da Escola Arcana de Alice A. Bailey e na atmosfera de pesquisa psicológica criada por Roberto Assagioli. Além dos vários trabalhos de Psicologia Espiritual, Angela Maria La Sala Batà muito tem contribuído com ensinamentos esotéricos aplicados à terapia dos desajustamentos psíquicos e das enfermidades nervosas.

No GUIA PARA O CONHECIMENTO DE SI MESMO, que a Editora Pensamento lança no Brasil, tendo em vista apresentar ao leitor de língua portuguesa a obra dessa Autora, de forma clara e didática são traçadas diretrizes pelas quais o estudioso de Psicologia Espiritual poderá atingir o verdadeiro Eu, ou a Alma. A consecução desse objetivo, como diz A. Bailey, o levará a "descobrir a verdade mais profunda e luminosa da existência humana, experimentada, comprovada e vivida por todos os místicos, iluminados e intuitivos, ou seja, que, encontrando-se a Si mesmo, encontra-se Deus".

EDITORA PENSAMENTO

MATURIDADE PSICOLÓGICA

Angela Maria La Sala Batà

Angela Maria La Sala Batà, de quem a Editora Pensamento vem cuidando de lançar uma série de títulos até agora desconhecidos de muitos leitores brasileiros, formou-se no ambiente da Escola Arcana de Alice A. Bailey e na atmosfera de pesquisa psicológica criada por Roberto Assagioli. Além dos vários trabalhos de Psicologia Espiritual, Angela Maria La Sala tem contribuído com ensinamentos esotéricos aplicados à terapia dos desajustamentos psíquicos. No *Guia Para o Conhecimento de si Mesmo,* o primeiro desses títulos, tendo em vista apresentar ao leitor de língua portuguesa a obra dessa Autora, de forma clara e didática foram traçadas diretrizes pelas quais o estudioso de Psicologia Espiritual poderá atingir o verdadeiro Eu, ou a Alma. No volume que o leitor ora folheia, inteligentemente denominado *Maturidade Psicológica,* lembra a Autora que os membros mais perigosos da nossa sociedade são aqueles adultos cuja atitude mais freqüente caracteriza-se pela efetiva autoridade de adultos e por motivos e reações infantis. Com isso, a Autora dá ao volume seu tom predominante, o qual, por certo, irá orientar a plena atenção do leitor: o descompasso entre as várias funções anímicas que, se bem trabalhadas, fariam dos indivíduos em geral pessoas muito mais criativas e, sem sombra de dúvida, muito pouco sorumbáticas. Depois de lembrar que não existe maturação plena que não tenha sido precedida de *crise,* a Autora arremata com um fecho de ouro: "Uma das crises mais típicas do desenvolvimento interior, e provavelmente uma das mais decisivas da vida humana, porque assinala o início da ascensão consciente, é a crise da passagem do chamado homem "comum" para o nível do homem ideal, ou seja, do homem que procura a verdade e quer progredir."

EDITORA PENSAMENTO

Editora Pensamento

Rua Dr. Mário Vicente, 374
04270 São Paulo, SP

Livraria Pensamento

Rua Dr. Rodrigo Silva, 87
01501 São Paulo, SP

Gráfica Pensamento

Rua Domingos Paiva, 60
03043 São Paulo, SP